百廢待興

戰後香港重建歷程

馬冠堯　張瑋宗　著

JPC

序

三聯書店出版部梁偉基兄來電說，2025 年是抗戰勝利 80 週年，希望可以出版一些講述香港戰後重建的書籍。幾番商討，我們雖覺得力有不逮，但也決定粗略介紹戰後艱苦的重建故事，祈望藉此拋磚引玉，喚起大家的關注。

重建一般泛指基礎建設，即硬件。不過，整個政府的建設就包括各項措施，即軟件。日據時期，英國香港影子政府已將重建計劃分別從十多個領域列出一清單。而深層次的計劃還包括優先次序的排列，那就涉及當時政府的財政狀況和社會的需要。戰後大部分市民都處於貧窮邊緣，再加上從內地湧入的難民，令整個問題更加複雜。我們希望藉作品的敘述釐清這一關鍵問題：政府和市民如何通過共同努力走出資源缺乏和人口狂升造成種種社會問題的困局？

第一章簡介英國於日據時期的準備；第二章介紹軍政府如何利用他們的世界軍事聯繫網絡和技術作短期重建香港，有待各公務員和市民重返戰前香港的崗位，才將軍政府交回民事政府。英軍於 1945 年 8 月尾進駐香港，但正式接收管治是 9 月中，其間情況有些似 1842 年，軍政府在表面上可鎮壓社會混亂，維持社會秩序，實則主導重建。

雖然港元的匯率很快便穩定下來，經濟亦緩慢地增長，但英國政府撥出 150 萬英磅作為香港戰後發展和福利的財政支援明顯未能解決當時的財政問題。因為戰後幾乎全世界的城市都需要重建，引致建築物料價格上升，人工薪金亦飆升，政府必須增加來源穩定的收入才可履行各項社會福利的重建。除發行復興債券外，政府更利用戰前緊急措施成立的入息和利得稅作為基礎改成為常規的稅收，這稅收基礎時至今天仍在沿用。「無財不行」，我們於第三章講述相關內容。

有關社會福利政策，我們選擇了港督葛量洪被英國召返「照肺」（inquisition），質詢當時幾個重要議題及其應有對策作為社會福利領域的主要內容：一是如何解決房屋嚴重缺乏的問題和推出試驗計劃補貼非牟利團體興建房屋租給有穩定低收入的人士；二是面對國內難民的湧入，要解決眾多兒童和工業教育，就從增加中文中小學和培訓老師及工業訓練學校入手，戰前未曾辦學的私人團體亦紛紛協助辦學，政府勇於嘗試，於小學開辦公民、家政和農業常識科等實用科目，特為未能繼續升學的學子而設。師資缺乏，則增加師範學院培訓新的或在職教師，改革戰前的初級和高級工業學校；三是香港大多數是旅居市民，缺乏歸屬感，新成立的社會福利處聯同教育署肩負重任，負責推廣這方面的意識，扶植地區街坊福利會，仍然遵循戰前的非牟利機構和慈善團體扶助弱勢社群的一貫做法；四是如何防止和治療當時肆虐的肺痨病。

最後一章介紹香港戰後的城市規劃，即一般人所謂的城市重建藍圖，其計劃內的建議影響深遠，歷時 30 多年的持續發展。

馬冠堯　張瑋宗

2025 年 3 月

01

戰時規劃的戰後重建

太平洋戰爭結束後，1945 年 9 月 16 日，在港督府舉行了在港日軍投降儀式，標誌着英方再次管治香港，揭開戰後香港重建工作的序幕。

英國設立軍政府，旨在重建香港的社會和經濟運作，為過渡到民事政府營造穩定的環境。軍政府針對當時香港的各項問題，推進了糧食、貨幣供應等多方面的措施，可謂戰後重建香港工作的先聲。

太平洋戰爭中的香港

太平洋戰爭和香港的歷史發展息息相關。1941 年 9 月 10 日，楊慕琦（Mark Young, 1886-1974）就任第二十一任港督。[1] 兩個多月後，楊慕琦宣佈定例局（後稱立法局）無限期休會，並在同年 12 月 7 日發出動員令，要求所有正規軍和義勇防衛軍官兵報到，以回應日軍發動太平洋戰爭的行徑。[2] 1941 年 12 月 17 日，邱吉爾（Winston Churchill, 1874-1965）曾經提到，由於日軍當時在太平洋戰爭取得一定優勢，香港被日軍侵佔的情況沒有辦法被緩解。[3] 其後，香港落入了日本人的手中，開展了三年八個月的艱苦歲月。[4]

戰爭期間，得到日軍支持出版的《香港日報》（*Hongkong News*）出版團隊曾經佔用《南華早報》位於雲咸街的辦公大樓，並一度把公司內的傢具、地板、木製打字機等用作燃料。[5] 可見日軍是面對着資源不足的問題。到了太平洋戰爭後期，日軍開始呈現頹勢，節節

1 香港地方志中心編：《香港志 · 總述 大事記》，頁 212。
2 香港地方志中心編：《香港志 · 總述 大事記》，頁 213。
3 CAB（Records of the Cabinet Office）121/144, Annex, p.6.
4 香港地方志中心編：《香港志 · 總述 大事記》，頁 36-39。
5 Robert Hutcheon, *SCMP The First 80 Years*（Hong Kong: South China Morning Post, 1983）, pp.92-93.

敗退。1944 年 5 月，英國戰時內閣曾和美國商討在太平洋戰爭的第二期行動。其中，英美雙方曾預計在 1945 年的夏天或秋天擊退在港的日軍。[1] 1945 年，盟軍曾多次空襲香港，協助擊退日軍。[2]《南華早報》的辦公大樓也曾一度遭到盟軍空襲，可見盟軍空襲範圍之廣。根據報導，1945 年 8 月 10 日，日軍開始讓赤柱拘留營所有的技術員及其家人乘坐拖網漁船離開拘留營，距離日軍投降的日子越來越近。[3] 同月 15 日，日本無條件投降。[4] 經過一輪籌備工作，在 1945 年 9 月 1 日，英國海軍將領夏愨在香港政府廣播電台宣告正式成立香港軍政府，是為英國重新佔領香港的第一步。9 月 16 日，在港督府舉行了在港日軍投降儀式，標誌着英方再次管治香港，[5] 掀開了戰後香港重建工作的序幕。

戰時規劃的戰後政策

雖然戰爭形勢複雜多變，英國政府並非在戰爭結束後才開始規劃重建香港的工作。在太平洋戰爭期間，英國政府一直規劃戰後的重建工作，例如制定戰後的政策方針，以便在戰後重建香港。香港淪陷兩年左右，英國政府已經開始規劃馬來西亞、新加坡、婆羅乃和香港等地的重建工作，並成立計劃小組（Planning Unit）跟進相關工作，收集有助戰後重建的資訊。計劃小組部分成員需要負責解決資源供給的問題，並擔任未來民事政府的骨幹成員，[6] 為戰

1 CAB 121/122, p.2.
2 香港地方志中心編：《香港志 · 總述 大事記》，頁 225。
3 *Times of India*, 4 October 1945.
4 香港地方志中心編：《香港志 · 總述 大事記》，頁 227。
5 香港地方志中心編：《香港志 · 總述 大事記》，頁 228-229。
6 HS（Histories and War Diaries）/8/951, p.184.

後重建香港做好準備。早在 1943 年 10 月，英國政府已經開始討論和構思如何在戰後接收香港，流程包括籌劃成立戰後重建部（War Establishment）和挑選相關人選、制定補給和預算等等。[1] 根據 1945 年 1 月的初步規劃，英國政府還要求香港戰後政府的官員應當對廣東話有基本認識，並將不同職位的廣東話水平要求分為：些微有用知識（slight knowledge useful）、些微合意知識（slight knowledge desirable）和些微重要知識（slight knowledge essential）。除了負責公共衛生的放射師（radiologist）之外，其他職位都需要具備對廣東話的基本認識。[2] 到了 1945 年 3 月，香港戰後的政府骨幹成員架構已經初步成型，包括由麥道高（David Mercer MacDougall，1904-1991）擔任總民事主任（Chief Civil Affair Officer，簡稱 CCAO），湯遜（W.M. Thomson）擔任副總民事主任（DCCAO），並列出各司處（Secretariat），包括工務處（Public Works Department）、物資供應處（Supply Department），以及司法、財政、社會福利、警政、貿易與工業發展等主要負責官員。[3] 不過，由於籌備工作相當繁重，香港計劃小組要求增設 10 個職位，包括海港規劃、醫療規劃、建築規劃等不同範疇的職位。[4] 退休助理工務司高士美（H.E. Goldsmith）也需要加入擔任兼職。[5] 可見，在太平洋戰爭期間，香港戰後的政府架構和成員人選已經有初步的構思。

若要判斷好戰爭形勢和規劃戰後的重建工作，搜集相關情報是必不可少的一環。太平洋戰爭期間，英國政府依然繼續通過不同渠道收集有關香港的情報。1943 年至 1944 年，從信件的寄送

1 CO 129/591/10, pp.157-158.
2 CO 129/591/10, pp.162-166.
3 CO129/591/10, p.156.
4 CO129/591/10, p.151.
5 CO129/591/10, p.5.

地址可見，部分有關香港的情報報告，例如每兩週一次的情報報告（Fortnightly Intelligence Report），都是發送到位於印度新德里的英國情報部（British Ministry of Information）的遠東分局（Far Eastern Bureau）。[1] 英國政府也曾利用不同方式搜集情報，包括從曾在香港生活，但在香港淪陷後出於不同原因到了印度的人員，如里斯本丸的生還者，[2] 或者成功逃離日軍監獄的英國軍官，[3] 又或者通過閱讀當時在香港營運的《香港日報》報導，[4] 了解香港在太平洋戰爭期間的發展情況。

英國政府收集的情報內容具備一定廣度，涵蓋政治、經濟、社會、文化等不同範疇。在政治層面，其中一份情報報告是關於楊慕琦被日軍囚禁期間的情況和態度。情報的來源是一名成功逃出日軍在上海監獄的英國軍官。這名軍官引述在 1942 年 2 月搜集的情報，並聲稱曾經接觸被日軍囚禁在上海的楊慕琦。楊慕琦表示香港失守的速度超出他的預期，對此感到非常失望。當他在半島酒店簽署投降書之後，他被帶到一間兩房的屋子。在接下來的 7 個星期多 3 日的時間，楊慕琦無法和任何人見面。在第一個星期，楊慕琦曾多次提出返回住所收拾行李的要求，但被日軍以各種無效的藉口拒絕。楊慕琦曾被日軍批准與輔政司以書信來往，但他回覆的信件往往受到日軍多重的審查。[5]

其他的情報報告還覆蓋了不同層面的內容，包括但不限於當時

---

1 CO 129/590/22, p.70.
2 CO 129/590/22, p.121.
3 CO 129/591/4, pp.10-11.
4 CO 129/590/22, p.94.
5 CO 129/591/4, pp.10-11.

香港的派米工作、[1]碼頭的興建工作、[2]貨幣、[3]貿易狀況[4]、柴木供應、[5]的士車費上調[6]等等，內容相當廣泛。有趣的是，一份有關 1943 年香港的情報報告顯示，英國政府十分清楚香港當時的賽馬情況。報告顯示，1943 年 12 月，有 18 匹日本馬到達香港接受訓練。完成訓練後，這些馬匹會在香港的賽馬場上和來自澳洲的馬匹競賽。[7]不論情報內容是否真確，這都足以說明英國政府關注香港在太平洋戰爭期間的社會情況。

另一方面，英國政府也有制定每年的財政開支和預算，並嘗試了解香港的財政狀況。1944 年，香港計劃小組曾經要求香港及馬來西亞政府（Hong Kong and Malayan Government）的會計師準備財務報告，利用有限的資料預估香港的財政狀況。英國政府準備的財務報告包括收益摘要、支出摘要和資產損益表。當時，也許是出於時間緊迫的關係，該會計師所準備的資產損益表只是列出了會計簿中的結餘，並沒有重估市場投資的價值。資產損益表列出了負債、資產和總共的現金和預收現金。另一方面，收益和支出摘要則包括 1941-1942（7 個月）、1942-1943、1943-1944 財政年度的收益和支出統計，並預估了 1944-1945 年度的收益和支出。收益的項目包括郵政收益、利息收入、遺產稅、利得稅、雜項收益等等，支出的項目則包括支付債券利息、退休金支出等等。[8]

為了及早預備戰後的重建工作，英國政府在戰時已經制

---

1 CO 129/591/4, p.14.
2 CO 129/591/4, p.16.
3 CO 129/591/4, p.35.
4 CO 129/591/4, p.63
5 CO 129/590/22, p.22.
6 CO 129/590/22, p.23.
7 CO 129/591/4, p.63.
8 CO 129/591/6, pp.9-15.

定了《香港民事政府政策指引》(*Hong Kong Civil Affairs Policy Directives*),列出了 14 個需要重點關注的範疇,以便在戰事結束後順利恢復香港不同方面的運作。1944 年,香港民事政府政策指引包括 14 個範疇的政策,分別是行政、財政、管理華人的政策、警察、監獄、入境、勞工、社會福利、教育、醫療衛生、鴉片、土地和測量、郵政通訊和港口管理,[1] 涉及不同層面的重建工作,大致上都是以延續香港被日軍攻佔前的政策為方針。

舉個例子,英國制定了以恢復戰前財政政策為核心的財政政策方針。首先,香港需要維持戰前的進口關稅安排,只能向酒類、汽油和煙草徵稅,保持其作為自由港的地位。而且,香港也可以考慮制定所得稅(income tax)、薪俸稅和商業稅(salary and business tax)法例作為臨時措施。同時,政府還需要為戰爭所造成的損壞索償作出特別安排。[2] 另外,英國政府規劃戰後香港的教育政策時打算沿用戰前學校的三大分類方式,分別是政府學校、補助學校和津貼學校。規定超過 10 名學生的學校需要註冊,並需要加強政府在華文教育(vernacular education)層面的參與,[3] 延續資助內地學生到香港大學讀書的獎學金等等。[4] 再者,醫療衛生方面,英國政府希望在戰後盡快令必要的衛生服務恢復到戰前的水平,以免傳染病大規模傳播。除了潔淨局督察需要轉職到醫務署之外,醫務署的組織架構應與戰前的保持一致。醫療政策的大方針需要依照「殖民地部」雜項 505 號檔案,而政府也需要恢復 1941 年 12 月生效的公共衛生條例。[5] 在勞工政策方面,英國政府要求香港在戰後盡快成立勞工處處

---

1 CO129/591/8, p.8.
2 CO129/591/8, pp.47-48.
3 CO 129/591/8, p.12.
4 CO 129/591/8, p.13.
5 CO 129/591/8, p.54.

理勞工問題，特別是處理與軍事行動和必要民政服務相關的勞工事務和組織，並提及勞工處需要嚴格落實的勞工法例和盡快制定一系列新的勞工法例，包括在可行的情況下制定最低工資標準等等。報告還提到勞工處的勞工管理官（Controller of Labour）需要諮詢入境部門，應對勞工流入的情況。[1] 此外，政府需要成立社會福利諮詢委員會（Social Welfare Advisory Committee），負責促進和協調社會福利相關的工作。[2]

除了上述的財政、教育、醫療和勞工政策方面，英國政府還制定了一系列的政策方針。1943 年 11 月，由於英國政府注意到鴉片問題是有必要處理的，英國政府規定戰後的香港必須遵照各項國際公約，比如 1912 年的海牙國際公約、1925 年的日內瓦公約等規定，處理鴉片問題，並決定在戰後全面禁止鴉片。[3] 由此可見，英國政府在戰時已經就戰後如何重建香港作出了簡單的規劃和構思。在郵政通訊方面，軍政府主要需要恢復直遞郵件（non-transit mail），並為恢復過境郵件服務做好重要準備工作，同時盡力保持與戰前大致相當的郵費。軍政府也需要及早恢復和中國內地、菲律賓、新加坡等地的通訊服務，負責推動新聞廣播、無線通話和電台服務等等。政策指引還特別提及香港電話公司的業務需要及早得到支援，政府也應優先處理與之相關的事宜。[4] 由此可見，英國政府在太平洋戰爭期間已經構思戰後重建香港的基本方針，還從不同方面構思戰後重建的政策方針。

英國政府也制定了行政和管理華人政策的相關指引。首先，英

---

1 CO 129/591/8, p.27.

2 CO 129/591/8, p.28.

3 CO 129/591/8, p.10.

4 CO129/591/8, pp.52-53.

國政府要求盡快恢復民事政府的運作，比如重組立法和行政兩局，邀請能代表香港主要群體和持分者的人士擔任成員。另外，政府也需要成立一個具有代表性的諮詢機構（Advisory Council），並重組市政局（Urban Council）和港口管制的相關機構。英國政府也相當重視維持香港與廣州的關係，要求香港盡快取得英國駐廣州大使館的同意，重新確立與廣州的中方官員的緊密聯繫。指引也提及重組 15 個政府部門，包括：警署（含監獄和消防）、律政（含法庭）、工務、庫房、審計、稅局、漁農、財政 、華人政策、勞工、社會福利、教育 、醫療及衛生、土地及測量和郵政及通訊。[1] 指引中也包括有關華人政策方針的構思。英國政府指出要推動不帶歧視成分的華人政策，並需確保中英雙方對於香港相關的事宜保持令人滿意的關係。而所有公務員都必須具備基本的廣東話能力，華民政務司（Secretary for Chinese affairs）需要由熟悉華人的專家來擔任，其他高級公務員需具備高水平的中文書寫能力。雖說推動不帶歧視成分的華人政策，英國政府依然認為太平紳士和立法、行政兩局的成員只可以由具有英國國籍的人士擔任。[2]

軍政府的成立與重建工作的序幕

英國政府在戰事尚未結束時，已開始規劃戰後成立軍政府的相關事宜。1945 年 1 月，「殖民地部」建議成立緊急小組（Emergency Unit）籌備接收香港的相關事宜。[3] 其中，「殖民地部」等不少官員都建議向香港的主教提出邀請，希望他能盡快加入緊急小組。因為

---

1 CO129/591/9, pp.24-25.

2 CO129/591/9, p.24, 26.

3 CO129/591/11, p.3.

主教能為重建香港作出珍貴的貢獻，特別是在救助華人的層面。不過，經過商議後，主教雖然並不會加入緊急小組，但相關官員要求主教盡快以平民的身份回到香港。[1] 1945 年 8 月，日本向盟軍無條件投降後，英國需要重新接管香港。當時的海軍少將夏慤（Admiral Cecil H.J. Harcourt, 1892-1959）奉命負責接管香港。夏慤掌管的艦隊有航空母艦不屈號（HMS Indomitable）和可敬號（Venerable）、巡洋艦快捷號（HMS Swiftsure）和尤里亞勒斯號（Euryalus），並由戰艦安森號（HMS Anson）和 4 艘驅逐艦護航。夏慤選擇巡洋艦快捷號作為領航艦，[2] 也許是因為這艘戰艦配置了當時最新的雷達系統，也是英國在太平洋戰爭期間最後一艘製造的戰艦。根據夏慤的戰時日記，英軍登陸的過程可謂有驚無險。由於美國在太平洋戰爭期間曾經在香港水域埋下不少魚雷，海峽之中或許有不少仍未清除的魚雷。夏慤需要經過鯉魚門海峽登陸香港，不過，他認為這些風險是可控的。[3]

其後，正如前文所述，由夏慤領導的香港軍政府在 1945 年 9 月 1 日正式成立。一名首批登陸香港的英國海軍軍官曾經描述接收香港的過程。他在船舶的右舷看到了被濃霧籠罩的太平山，以及一些位於山丘上的建築物。一艘來自加拿大的船隻成為戰爭爆發以來第一艘靠近香港的盟軍船隻。英國海軍的領航艦快捷號在香港船塢（Hong Kong dockyard）附近拋錨登陸。見圖 1.1。其後，英軍只用了很少時間就接管了九龍船塢（黃埔船塢）附近的區域，接收香港

1　CO129/591/10, p.16,122.

2　Brian Corbett, Shield Force: 5358 Wing and the liberation of Hong Kong in Royal Air Force Historical Society Journal 51, p.36; Wm Roger Louis, Hong Kong: The Critical Phase, 1945-49 in The American Historical Review, Oct. 1997, Vol. 102, No.4, p.1063，引自 Louis Allen, *The End of the War in Asia*（London: Beekman Books Inc, 1976）, pp.251-254。

3　CO129/591/18, p.246.

圖 1.1

圖 1.2

的過程似乎相當順利。[1] 圖 1.2 是金賓飛號（HMS Kempenfelt）。

雖然英軍接收香港的過程相當順利，戰後的香港卻面對着機遇和挑戰並存的局面。一方面，戰事結束使得不少市民開始過上相對穩定的生活，重拾對未來發展的信心；另一方面，戰爭遺留了不同層面的問題，這些問題依然有待處理。在英國接收香港期間，一名在舢板上工作的女子珍妮（Sampan Jenny）也以與眾不同的商船旗裝飾她的舢板。據報導，珍妮在香港淪陷期間，把她的財富藏在一個沒人知道的地方。當英軍接收香港之後，珍妮就把那些資產重新取出來。[2] 此外，有熱心的《南華早報》職員向路人免費派發戰後的第一份報紙。[3] 一些在太平洋戰爭期間逃到澳門的印度人也在戰後迅速回到香港，重開他們的公司，或者繼續擔任戰前已經就職的公務職位。[4] 這些片段表明，不少香港市民相信能在日軍戰敗後過上較為安定的生活，重拾對未來的希冀。

戰事結束後，市民對未來的生活拖着更大的信心，這種心態實在是可以理解的，畢竟他們不再受戰火困擾。但是，這並不意味着戰爭結束後的香港就能一帆風順地發展，因為戰爭造成了不同層面的問題，涉及市民生活的方方面面。作為戰後重建香港的推手之一，夏慤也曾憶述剛剛登陸香港時面對的情況和問題。據他所講，英軍登陸後率先取回海軍船塢，當時該船塢的圍牆依然完好無缺。除了面對日本陸軍的自殺式抵抗外，夏慤接管香港期間基本上沒有遇到很大的反抗。不過，夏慤對於戰後香港的第一印象並不好，理由是香港處於非常惡劣的狀態，這也表明軍政府有必要及早推展重

1 *South China Morning Post & the Hongkong Telegraph*, 9 October 1945.

2 *South China Morning Post & the Hongkong Telegraph*, 9 October 1945.

3 Robert Hutcheon, *SCMP The First 80 Years*（Hong Kong: South China Morning Post, 1983）, pp.97-98.

4 *The Times of India,* 18 September 1945.

建工作。

同時，夏慤曾憶述出現在香港街道上的問題。由於超過 3 年街道上的垃圾都沒有得到有效清理，街道上隨處堆滿垃圾和樓宇倒塌的廢料。見圖 1.3。同時，除了垃圾大量堆積外，山泥傾瀉的泥土也堆積在部分路段的路面上。戰爭也使船塢和大量建築物受到嚴重破壞，維修工程有待進行。見圖 1.4。而且，糧食供應成為有待解決的問題。由於市民經歷了長時間的營養不良，市民在戰事結束後最關注的是溫飽問題，希望能獲得足夠的食物。[1] 除了上述問題外，有報導指出日軍並沒有修復任何在戰爭期間損毀的設施，包括在香港淪陷前英軍與日軍交戰時損毀的設施，或者那些在香港淪陷後被盟軍轟炸的設施。[2] 貨幣的流通也是一大問題。由於香港的貨幣秩序依然未恢復穩定，加上日元在當時的外匯貨幣來說是一文不值的，香港曾經出現以物易物的情況，有的英國海軍還曾經以香煙作為貨幣，換取啤酒飲用。[3]

戰後的香港確實是面對機遇和挑戰並存的情況。1945 年 11 月 1 日，夏慤在香港華商總會聚餐期間發表演講。參與聚餐的都是當時一些具影響力的人物，例如周壽臣（1861-1959）、羅文錦（Man Kam Lo, 1893-1959）、何甘棠（1866-1950）等多位重要的華人領袖，還有一些英方官員等等。夏慤在席上提到，市民很快會迎接一個更好的香港，但是戰爭令整個世界都缺乏短時間內見效的藥方。這番話的意思是，雖然重建香港的工作已經準備就緒，但戰爭令到整個世界都元氣大傷，重建工作仍然需要時間落實，不過整體形勢是正

1 Cecil Harcourt, The Military Administration of Hong Kong presented to the Royal Central Society 1947, *Journal of The Royal Central Asian Society*, 34(1), 7-18.

2 *South China Morning Post & the Hongkong Telegraph*, 9 October 1945.

3 *Times of India*, 4 October 1945.

圖 1.3

圖 1.4

面的。[1] 因此，軍政府針對當時香港的各項問題，推進了糧食、貨幣供應等多方面的重建措施，例如通過華人慈善組織派米，並讓市民參與清理街道和修理基建賺取收入，以換取更多的糧食等等，讓他們經由工作獲得溫飽。[2] 這些措施可謂戰後重建香港工作的先聲，其後民事政府的重建工作也是圍繞着貨幣、糧食供應、醫療衛生、教育等不同範疇開展。

雖然日本在 1945 年 8 月投降，但是英國在規劃戰後香港重建工作時，日本還未向盟軍正式投降。在規劃相關重建工作的時候，英國政府考慮了甚麼因素，才決定以成立軍政府的形式重建香港？雖然民事政府終歸是重建香港的主要推手，但英國政府為何要以軍政府的形式作為過渡政府接收香港，而不直接成立民事政府？這個決定實際上與英國對於戰爭形勢的判斷有關。從一名官員和楊慕琦往來的信件推斷，英國政府曾經考慮到戰爭結束的不確定性，才決定在接收香港後成立軍政府。一名官員在戰後寫信給楊慕琦的時候提及，英方在戰時規劃的戰後香港政策指引只在特定的情境和前提下制定。原來，太平洋戰爭期間，英國政府並不認為盟軍與日本的戰爭會在非常短的時間內徹底地結束。考慮到這一點，英國政府在制定重建香港的政策時，所制定的戰後重建規劃都是相對概括簡要的，只說明了一些大的原則和方向。這是因為英國政府曾假設香港會繼續成為英國進行進一步軍事活動的基地，預示着英國政府當時規劃的政策方針都是以軍事戰略性質為主導的。由此可以推測，戰爭時期的特殊情境導致政策指引的內容比較簡要，行政方面的政策規劃只能一切從簡。由於軍政府帶有明顯的軍事性質和戰略目的，

---

1 *South China Morning Post & the Hongkong Telegraph*, 2 November 1945.

2 Cecil Harcourt, The Military Administration of Hong Kong presented to the Royal Central Society 1947, *Journal of The Royal Central Asian Society*, 34(1), 7-18.

英國政府在戰時制定的政策指引較適用於軍政府的政策制定和實踐，未必完全有助楊慕琦領導的民事政府開展重建工作。而且，該名英國官員提到，就算到了臨近日本戰敗前的日子，英國政府依然不能確定香港戰後情況會如何發展。根據該英國官員的說法，英國政府認為香港的戰後發展依然存在變數。他們不能肯定，戰後的香港到底是在蔣介石的國民政府、英國還是美國的勢力範圍之內。由於戰後形勢未明，英國政府在戰時規劃的香港戰後重建工作政策文件比馬來西亞的更為簡要，這或許說明了英國官員在太平洋戰爭期間，對於在戰後接收和重建香港的態度。[1]

而且，在英國政府看來，設立軍政府管治（military administration）有着兩重的影響。就短期影響而言，設立軍政府能維持香港的社會穩定，避免香港受到社會不穩和疫症的影響。而且，軍政府還可以利用軍艦在短期內運送糧食、衣服、建築材料、醫療物資和一些有助維持必要服務的設備到香港。長期來說，設立軍政府的目標是重建香港的社會和經濟運作，為過渡到民事政府營造穩定的環境，充實民事政府的基礎，[2] 並且可以爭取時間讓戰前的官員和商人陸續回港。軍隊內有皇家工程師（Royal Engineer）可以提供專業知識和充當重建工程師，有些近似開埠的情況。由此可見，軍政府得以成立並非出於偶然，而是基於宏觀的戰略部署。英國設立香港軍政府的目的或許是要利用軍事力量穩住英國在香港的利益，維持英國在香港的勢力範圍。無論如何，軍政府的成立表明英國再次開始管治香港，有需要開展和參與重建香港的工作。日後楊慕琦領導的民事政府也是延續軍政府的路徑，繼續推動重建香港的工作。

1 CO 129/591/9, pp.8-10.
2 CO129/591/12, pp.141-142.

02

從軍政府到民事政府

軍政府成立後，首要的任務是確立政府的架構。同時，致力於重建必要的服務，例如通訊、電力供應、電車、煤氣、水供應和港口設施，全速推進重建香港的工作。

1946年5月1日，夏愨領導的軍政府結束歷史任務，楊慕琦正式重新就職，領導民事政府，圍繞貨幣、糧食供應、醫療衛生、教育等不同範疇推進重建工作，規劃香港的未來。

試想想，戰爭剛剛結束，巴士和電車還未投入服務，市民在這段時間能以甚麼交通工具代步？到了 1945 年 10 月，九龍和港島原來各有 300 架單車和 100 架三人車，作為市民主要的代步工具。當時，若要由尖沙咀天星渡輪碼頭前往佐敦大華戲院，收費為 4 毫子，比電車的頭等收費還要貴！[1] 不過，交通運輸服務不足只是戰後香港面對的問題之一，市民的日常生活實際上遭受了大量的不便。這包括衣、食、住、行種種方面的困難，政府有必要及早開展重建香港的工作。

確立政府架構和目標

軍政府成立後，首要的任務是確立政府的架構。曾擔任香港計劃小組（Hong Kong Planning Unit）成員的曉治中校（Lt. Col. H. Owen Hughes）對當時的政府架構有以下描述。曉治中校強調，軍政府的架構以簡單直接為原則，以應對戰後非比尋常的情況。他提到政府設有總民事主任（CCAO），他的權力來自於總司令

1 *South China Morning Post & the Hongkong Telegraph*, 5 October 1945, 9 October 1945.

（Commander-in-Chief）。除非有另行修改或中止，普通法在香港依然維持有效。軍事法庭會負責管理司法，並暫時取代正常的刑事法庭，但兩者所有程序都是相同的。在適當的時候，軍事法庭可能會獲得授權協助處理民事事務，也有可能恢復部分或全部的民事法庭。軍政府也會盡快重建所有必要服務，例如通訊、電力供應、電車、煤氣、水供應和港口設施，全速推進重建香港的工作。政府亦會維持其軍事性質，直至情況有所改善，讓民事政府可以有效地管理香港。[1]

重建建築物顧問委員會（Building Reconstruction Advisory Committee）

為了推動重建工作的開展和實施，軍政府成立了一些委員會作為協助機構。1945 年 9 月 11 日，軍政府成立重建建築物顧問委員會，委員會的主席為嘉道理（Lawrence Kadoorie, 1899-1993），其他成員有海軍上校連大利（C.N. Lentaigne）、空軍中校習域（F.W. Chadwick）、海軍上校林利（J.P. Lumley）、陸軍上校屈金比（H.M. Whitcombe）、空軍中校韋察斯（R.H. Richards）、李夏廬（Mr. Harold W. Lee）、陸軍中校胡茂（W.G. Wormal）、陸軍中校米連（J.D. Milne）、陸軍中校安倍士（L.W. Amps）、空軍中校費博（S.E. Faber）、陸軍中校科比士（J. Forbes）、韋信（Mr. G.L. Wilson）和布力架（Mr. A.M. Braga）。[2]

顧問委員會的職責主要是審視戰後的建築物狀況，並按照實際情況提出政策建議。委員會所做的工作包括調查香港戰後建築的現

1 *South China Morning Post & the Hongkong Telegraph*, 22 September 1945.

2 CO129/595/6, p.25.

況、詳細報告戰爭造成的建築損毀、向軍政府總司令提出重建香港的政策建議、檢視當時住宅的分配、提出新的工程、維修工作、進口建築材料建議等等，對於戰後香港重建工作的規劃發揮重要作用。委員會全部委員總共開了 11 次會議，並在 1946 年 2 月 23 日遞交中期報告，並於 1946 年 4 月遞交最終報告。[1]

委員會提交的報告提出了數點結論，指出香港缺乏住宅、缺乏建築物料、缺乏足夠人才、缺乏交通工具和面對建築成本高的問題。住宅方面，委員會指出當時已有 160,000 華人和 7,000 名非華人流離失所。隨着人口持續增長，除非政府盡快推動和完成重建建築物的工作，香港只會面對日益嚴重的住宅不足問題。在建築材料方面，委員會提到影響重建工作的其中一個重要因素是建築材料的數量是否適合，以及其價格是否合理。由於香港缺乏建築材料例如木、玻璃、管道和衛生設施相關的配件，委員會建議政府規範這些材料的使用，包括禁止在非必要的情況下使用這些材料。而且，委員會亦指出香港缺乏足夠的技術、建築和土木工程的人才，交通工具數量不足也妨礙了建築材料的運輸和人員的流動。加上，香港在戰事結束後還面對建築成本高的問題，這些問題都削弱了戰後重建工作的效率。針對上述問題，委員會提出了一些建議，包括建議政府盡快購入適合的建築材料、盡早向澳洲和美國駐太平洋艦隊取得剩餘的建築材料、把進口的建築材料登記在政府倉、鼓勵建築材料、鼓勵本地生產和在最大程度上善用建築材料、研究為政府員工興建更多宿舍等等。[2]

1 CO129/595/6, pp.24-26.

2 CO129/595/6, pp.23-85.

工程委員會（Engineering Board）

軍政府也在 1945 年 9 月 14 日成立工程委員會（Engineering Board），主席是陸軍上校屈金比，同時兼任重建建築物顧問委員會成員。其他成員包括海軍中校米利（A.J. Mille）、空軍中校希堤（W.H. Haytey）、陸軍上校羅斯（H.S. Rouse），並由陸軍少校茅高信（A.F. Malcolmson）任秘書。在 9 月 14 日的會議上，委員會主席屈金比指出委員會有兩大職責。第一，委員會需要制定重建工作的優次。第二，委員會也要協調海陸空三軍，分配工務局的勞工和其他資源。會議亦將清理污水和清水渠、恢復清水和電力供應列為委員會需要優先處理的三大工作。[1] 到了 9 月底，委員會決定在媒體上宣傳節約用電，並要求加快卸載英泥，以提高重建工作的效率或成效。[2] 除了關注上述的重建工作，委員會亦關注到九龍區的港口重建狀況，例如制定九龍區港口重建工作的優次，並制定重建相關區域的 12 項工作順序，包括清理雜物、維修碼頭、供應電力、設置供水和防火設備、維修倉庫、翻新辦公大樓、維修道路等。[3] 10 月底，委員會亦就地盤臨時造磚供應、鋼鐵供應、太古和黃埔船塢、大帽山路、屏山新機場項目、抽水站等不同工作提出建議或詢問相關情況，[4] 職責十分廣泛。1946 年 6 月 20 日，委員會主席屈金比致函輔政司要求解散委員會，理由是委員會已經處理好職責範圍內的公務事宜。[5] 7 月 4 日，輔政司表示並不反對解散委員會一事，[6] 標誌着工務委員會正式完成其歷史任務。

1 HKRS170/1/39, folio 2.
2 HKRS170/1/39, folio 6.
3 HKRS170/1/39, folio 12.
4 HKRS170/1/39, folio 14.
5 HKRS170/1/39, folio 48.
6 HKRS170/1/39, folio 49.

重建航空交通

軍政府主導的早期重建工作自然與軍隊的參與密不可分。其中，英國空軍 5358 聯隊是最早參與重建香港的英國軍方部隊之一，協助推動不同方面的重建香港工作。5358 聯隊成立於英國赫尼斯福特（Hednesford）的第六技術訓練學校（No. 6 School of Technical Training）。聯隊下有 5024、5025 和 5026 建設機場中隊、5207 機械中隊、53 機械維修小組、5155 電機中隊和 4857 石礦小隊，為重建香港作出了重要貢獻。1945 年 7 月，5358 聯隊從利物浦乘坐澳洲皇后號（SS Empress of Australia）出發，協助推動戰後重建的工作。見圖 2.1。但是，5358 聯隊原本並非是安排到香港工作，英軍原本打算安排 5358 聯隊到日本沖繩開展工作。隨着戰爭形勢的轉變，英軍其後安排 5358 聯隊協助開展重建香港的工作。1945 年 9 月 4 日下午 3 時，澳洲皇后號抵達香港，船上的英軍部隊馬上開始推動重建香港的工作。聯隊開展重建工作期間有一段小插曲。據說聯隊來到香港的時候，曾先後入住九龍青年會宿舍和九龍酒店。但是，九龍酒店內有不少甲由，其中一隻特別大的甲由是屬於人稱「孟買虎」的品種。聯隊曾經試過用 DDT 殺蟲水對付這些甲由，但都沒有見效。最後，空軍少校路山雲治（Cedric Rosenvinge）用巴黎灰泥（plaster of Paris）加糖放在紙上，在大約一星期內就清除了所有害蟲。[1]

由於啟德機場是香港重要的交通運輸基建，恢復啟德機場跑道的安全是 5358 聯隊的首要任務。當時，聯隊需要令到啟德機場在 3 天內恢復正常的航空運作。於是，5358 聯隊（5358 Wing）連同負責清理啟德機場的炸彈堆和彈藥庫存的石礦飛行小隊（Quarrying

1 Brian Corbett, "Shield Force: 5358 Wing and the liberation of Hong Kong," *Royal Air Force Historical Society Journal* 51, pp.32-45.

圖 2.1

Flight）重建啟德機場。此外，5358 聯隊負責清理自 1942 年開始堵塞九廣鐵路的垃圾，為恢復香港戰後的交通運輸做好準備。[1] 另一方面，5358 聯隊其中一個重要的職責就是要完成一份有關新界道路網的調查，並要負責制定清理山泥傾瀉和路障的各項安排。由於戰後的物資比較短缺，5358 聯隊只能在非常有限的條件下工作。在開展重建工作的頭幾個月，據稱 5358 聯隊只可以利用日軍丟棄的設備和筆刀來工作。[2] 為了滿足英國空軍的娛樂需求，軍政府還打算在啟德機場興建劇院，並由在空軍基地的流動海軍工作部（Mobile Operational Navy Air Base）管理。[3]

1 Brian Corbett, "Shield Force: 5358 Wing and the liberation of Hong Kong," *Royal Air Force Historical Society Journal* 51, pp.32-45.

2 *South China Morning Post & the Hongkong Telegraph*, 28 March 1946.

3 *South China Morning Post & the Hongkong Telegraph*, 10 October 1945.

空軍聯隊的工作取得一定成果。在聯隊的努力下，啟德機場回復了一定程度的運作。啟德機場當時能提供客機服務，維持和中國內地、印度、新加坡、東京、澳洲等往來的航線，為打造香港作為亞洲、太平洋和歐洲的主要航空幹線做好準備。[1] 不過，有官員意識到啟德機場或許在未來會變得不合時宜，因為啟德機場未必適合未來的新型客機升降。因此，有官員建議在新界興建一個新的機場。[2] 啟德機場當時還有不少局限，包括機場的面積太小、跑道不足以讓四引擎的大型客機升降等等，似乎有必要興建新的機場。1945 年 10 月 15 日，夏慤曾公開對媒體表示政府正在考慮屏山的選址，並指出選址必須是一流的機場選址。[3] 10 月底，英國空軍的空軍上將（Air Chief Marshal）柏架（Keith Park）曾公開表示，擴建啟德機場並非具成本效益之策。因為啟德機場的設計無法應對現代重型客機的發展，繼續擴建啟德機場的結果和把錢倒下海一樣。在他看來，屏山地區是天然和優質的機場選址。[4] 航空部（The Air Ministry）也同意相關在屏山興建長 2,000 碼、闊 50 碼的跑道，[5] 覆蓋從南泥圍到石埗的範圍；最終會逐步延伸到長 3,000 碼、闊 100 碼的跑道。[6] 5358 聯隊也有參與屏山的新機場計劃，曾在每個月生產近 15,000 噸石頭，用作興建連接跑道的道路網絡。[7] 圖 2.2 是屏山機場的大概位置。

由於興建屏山機場可能面對來自村民的阻力，軍政府因而推動了不少安撫措施。政府會安置受工程影響需要搬遷的大約 1,500 名村民在新興建的村落，而沒有受到直接影響的村民則會在其他方面

1 *South China Morning Post & the Hongkong Telegraph*, 15 October 1945.
2 CO129/592/8, p.54.
3 *South China Morning Post & the Hongkong Telegraph*, 15 October 1945.
4 *South China Morning Post & the Hongkong Telegraph*, 28 October 1945.
5 CO129-595-9, p.115.
6 *South China Morning Post & the Hongkong Telegraph*, 11 November 1945.
7 *South China Morning Post & the Hongkong Telegraph*, 28 March 1946. 6.

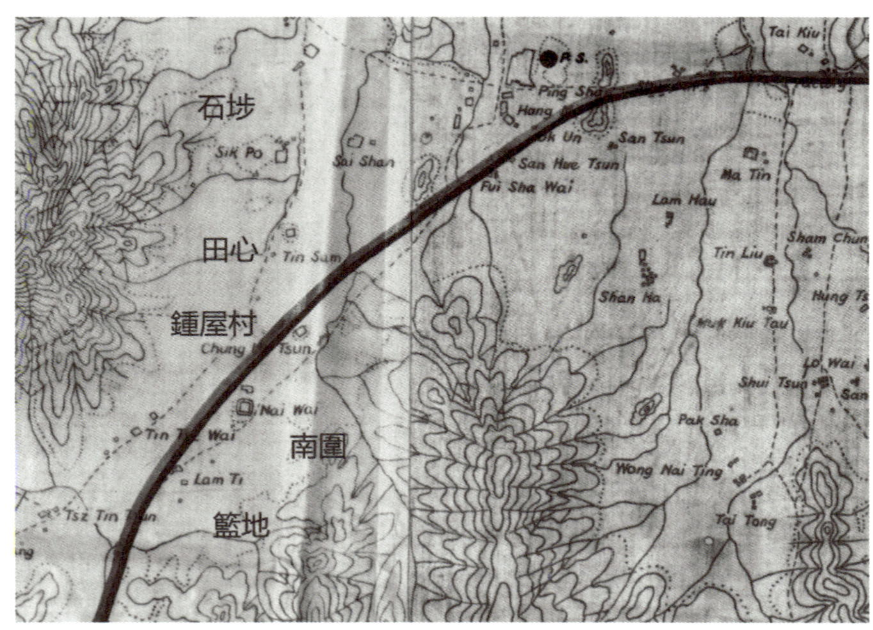

圖 2.2

獲得補償。例如，由於那些負責機場興建的工程師在工程完結後就會離開屏山，新的屏山機場還是需要由華人協助營運管理。因此，政府會為華人提供相關的訓練，讓更多華人能夠學習使用相關設備。而且，政府會為附近村民提供在屏山機場工作的就業機會，[1] 亦會把用來興建機場的設備留在香港，優先讓受工程影響的屏山居民學習使用。[2] 但是，到 1946 年 3 月，英國政府其後基於兩點原因反對屏山機場的興建計劃，以致屏山機場計劃最終無法順利完成。首先，英國政府認為當時的軍事形勢已經有所轉變，英國並沒有迫

1 *South China Morning Post & the Hongkong Telegraph*, 16 November 1945.

2 *South China Morning Post & the Hongkong Telegraph*, 11 November 1945.

切的軍事需要，支持在香港興建一個能讓四引擎大型客機升降的機場。再者，英國的民航部（Ministry of Civil Aviation）認為屏山機場並不符合讓大型客機升降的國際民航標準，因而不會資助興建屏山機場。民航部還認為深灣的選址比屏山更為理想。因此，軍政府只能暫停屏山機場的興建計劃，而英國政府亦要求英國空軍聯隊返回英國，[1] 這意味着 5358 聯隊已經完成其重建香港的工作。

九廣鐵路重新通車

軍政府也傾注力量盡快恢復九廣鐵路通車，因為九廣鐵路是促進香港人流和物流的重要渠道之一。1945 年 9 月 6 日，九廣鐵路（英段）恢復通車。通車的初期每日只有一班往來的列車。[2] 根據 9 月 8 日的報導，九廣鐵路當時只能維持有限度的列車服務，且列車暫時未能穿過筆架山到達新界。[3] 戰爭結束後，筆架山隧道的情況不太理想。出於軍事策略，英軍早在 1941 年 12 月 11 日炸毀了隧道，而日軍在戰爭期間未對之展開修復，只是採用木頭支撐着隧道。於是，摩利士中尉（Lieutenant P. Morris）作為重建九廣鐵路的負責人，曾領導考察隊考察鐵路的情況。摩利士中尉等人乘坐機動小車到達筆架山隧道，其後還到了深圳附近。到達筆架山隧道後，考察隊下車徒步進入隧道觀察情況，發現隧道只是用木頭支撐。因此，在改用磚石支撐隧道之前，列車只可以慢速通過隧道。到了 9 月 10 日下午 1 時，第一班重新開行的九廣鐵路列車終於從尖沙咀開出，由空軍中校紐咸（Newham）和空軍少校吉偉（Caldwell）負責駕駛，

1 CAB 121/57, p.94.
2 CO129/591/12, p.40.
3 *South China Morning Post & the Hongkong Telegraph*, 8 September 1945.

用來運送必要的物資；回程則用來運送傷兵。[1] 實際上，自 9 月 6 日起，米亞中尉（Flight Lieutenant T.H. Mayer）負責維修路軌、橋樑和加強隧道內部的支撐，以確保列車能夠安全順利通過。起初，列車都是採用木燃料，直到政府發現日軍留下的煤庫後，列車才改用煤作為燃料。[2] 米亞中尉也聯同盧斯中尉（Flight Lieutenant F. Luce）和懷特軍官（Flying Officer J. White）主要負責加強九廣鐵路隧道的支撐工作。[3] 由此可見，軍政府關注到維修九廣鐵路的必要性，並派出不同的官員負責相關項目。

隨着重建工作有序開展，九廣鐵路全線通車指日可待。1945 年 10 月 12 日，九廣鐵路（華段）官員乘坐火車從廣州來到香港，這列火車由木燃料驅動，回程則以煤燃料驅動。這趟列車訪港象徵着九廣鐵路在不久的將來就可以恢復全線通車。[4] 到了 10 月 20 日，九廣鐵路（華段）大致完成維修工程。只要上水附近的橋樑維修工作竣工，九廣鐵路就能全線通車。[5] 10 月 27 日，尖沙咀至深圳的票價定為 2 元，沙田至深圳的票價則定為 1.5 元。[6] 11 月 12 日，九廣鐵路來往尖沙咀和羅湖的列車增至每個方向兩班車，車程大約為 1.5 小時，星期日由羅湖開往尖沙咀的列車則只需要大約 1 小時 18 分鐘的車程。[7]

九廣鐵路全線通車對於戰後重建香港的工作起了積極作用。到了 11 月 14 日，九廣鐵路終於恢復來往香港和廣州的列車。[8] 九廣鐵

1 *South China Morning Post & the Hongkong Telegraph*, 11 September 1945, 1 October 1945.
2 *South China Morning Post & the Hongkong Telegraph*, 1 October 1945.
3 *South China Morning Post & the Hongkong Telegraph*, 3 October 1945.
4 *South China Morning Post & the Hongkong Telegraph*, 15 October 1945.
5 *South China Morning Post & the Hongkong Telegraph*, 20 October 1945.
6 *South China Morning Post & the Hongkong Telegraph*, 26 October 1945.
7 *South China Morning Post & the Hongkong Telegraph*, 12 November 1945.
8 CO129/591/12, p.40.

路的列車服務深受歡迎，截至 1946 年 3 月，整段九廣鐵路的客運量達到 229,350 人次，收入超過 300 萬，儘管香港境內九廣鐵路（英段）的收入只佔其中的大約 7%。雖然火車票價高達 15.7，遠遠高於戰前每位乘客 1 元的票價，但是這也無阻人們繼續乘坐九廣鐵路。[1] 與此同時，九廣鐵路也能帶動糧食流入香港，降低香港市民的生活成本。自從九廣鐵路全線通車，大量糧食從廣州直接經鐵路流入香港。加上，中國內地對於港幣越來越有信心，香港的糧食價格出現了明顯的下降，有利降低市民的生活成本。與通車前的那個星期相比，中環街市的牛肉價格由每斤 2.4 元跌至 1.4 至 1.8 元不等，豬肉價格亦從每斤 3.8 元跌至 2 至 3 元不等。[2] 可見，九廣鐵路全線通車在重建戰後香港的工作中具有一定重要性。由於九廣鐵路不只是涉及人口的流動，還對糧食流動起了重要作用。珠江三角洲作為香港的主要糧食來源，九廣鐵路全線通車讓香港得以直接獲得大量糧食，解決市民的溫飽問題。

電力供應

電力是維持社會日常運作的重要資源，電力供應在重建香港的過程中也發揮了重要的作用。不過，香港缺乏充足的用於發電的煤炭供應，部分交通工具無法正常運作。例如電車服務就因為電力不足而未能重啟，妨礙了重建香港的工作。[3]

受到戰事影響，香港在戰事結束後面對電力供應不足的情況。中華電力公司（下稱中電）的鶴園發電站和香港電燈公司（下稱港

1 CO129/591/12, p.40.

2 *South China Morning Post & the Hongkong Telegraph*, 18 November 1945.

3 *South China Morning Post & the Hongkong Telegraph*, 11 September 1945.

燈）的北角發電站焗爐依然有待維修。加上，由於木燃料供應追不上需求，電力廠的發電效能自然受到限制。[1] 除了面對資源供應不足的問題，電纜損毀也是另一個妨礙電力供應的因素。軍政府接收香港初期，連接九龍和港島的跨海陸上電纜一度因老化而出現損毀。這條電纜把中電在九龍區生產的電力引導到港島區，是重要的基建設施之一。因此，電纜老化損毀也令到香港的電力供應受到限制。[2] 同時，由於戰後的煤炭供應依然未回復正常水平，香港義勇防衛軍提出一些建議措施，節省電力消耗。措施包括將所有不必要的電燈膽從插座移除，盡量使用低電壓的電燈，以及避免在沒有人的空間開啟風扇和電燈。[3]

軍政府從不同方面嘗試恢復香港的電力供應。軍政府不但通過海軍船塢的發電站協助提供一部分的電力供應，[4] 也利用海軍的維修船資源號（HMS Resource [F79]）協助恢復電力供應。[5] 再者，軍政府也通過增加煤炭的供應，以加快恢復香港的電力服務。到了 9 月 26 日，軍政府在電燈的北角發電站附近卸載大約 4,000 噸來自澳洲的煤炭，以支持香港的電力供應。其中 2,000 噸煤炭會交由港燈用來發電。如按照戰前的用電量估算，這 2,000 噸煤炭只能應付大約一個星期的用電量。但由於政府收緊了供電的預算，這批煤炭預計能支撐到大約 3 個星期的用電需求。[6] 到了 10 月 4 日，港燈恢復電力供應。[7] 後於 1946 年初，有 160 艘載貨船運送煤炭到馬來西亞和香

---

1 *South China Morning Post & the Hongkong Telegraph*, 8 September 1945.
2 *South China Morning Post & the Hongkong Telegraph*, 11 September 1945.
3 *South China Morning Post & the Hongkong Telegraph*, 15 October 1945.
4 *South China Morning Post & the Hongkong Telegraph*, 8 September 1945.
5 *South China Morning Post & the Hongkong Telegraph*, 26 September 1945.
6 *South China Morning Post & the Hongkong Telegraph*, 26 September 1945.
7 *South China Morning Post & the Hongkong Telegraph*, 15 October 1945.

港，估計部分煤炭是用來加強保障香港島的電力供應。[1]

另一方面，軍政府亦通過維修鶴園電力廠，協助恢復九龍的電力供應。戰後的鶴園電力廠的運作情況存在不少問題。為此，空軍聯隊的 53 機械維修小組和 5155 電機中隊參與維修鶴園電力廠的工作。然而，空軍聯隊維修鶴園電力廠的工作面對不少挑戰。首先，聯隊成員需要清理日本人用 500 噸磚石建造的圍牆。而且，空軍聯隊成員發現電廠內有 8 個鍋爐和 6 個發電機都已經沒法繼續運作。而當時仍然能夠運作的一個鍋爐和一個發電機則有隨時損壞的可能性，因為沒有人在三年零八個月期間維修鍋爐和發電機。加上，電廠工場變成了一座沒有頂部的建築物，工廠內的機器也被洗劫一空，就連機器錶內的水銀也被偷走。工場只剩下一部磨床和兩部車床。這些設備都無法正常運作，有待維修。[2]

面對艱難的局面，空軍聯隊成員和華人合作開展維修鶴園電力廠工作。在維修鶴園電力廠的頭兩天，聯隊成員需要每小時用 10 噸木材燃起鍋爐。主管摩利（Molley）非常感謝華籍女工的幫忙，他認為華籍女工在這段時期作出了非常重要和巨大的努力，例如在資源不足的情況下，用生鏽的刀把木頭鋸成適當的大小，並把木頭帶到長坡道上的鍋爐處，讓鍋爐得以持續運作。由於沒有圖則，聯隊成員史近蘭（F. Scanlan）只能用粉筆在地上畫圖。摩利亦感謝華人工程師、鐵匠和焊接工人的努力，因為他們全天候尋找並利用各種機械工具，製造新的錘子等各種工具，為維修鶴園電力廠作出了重大貢獻。[3] 另一位聯隊成員夏盧曉治（A.C. Harold Hughes）則通過鹹水番話（Pidgin English）和華籍技工溝通，成功合作維修電力廠。

---

1 CAB 121/21, p.547.

2 *South China Morning Post & the Hongkong Telegraph*, 17 December 1945.

3 *South China Morning Post & the Hongkong Telegraph*, 17 December 1945.

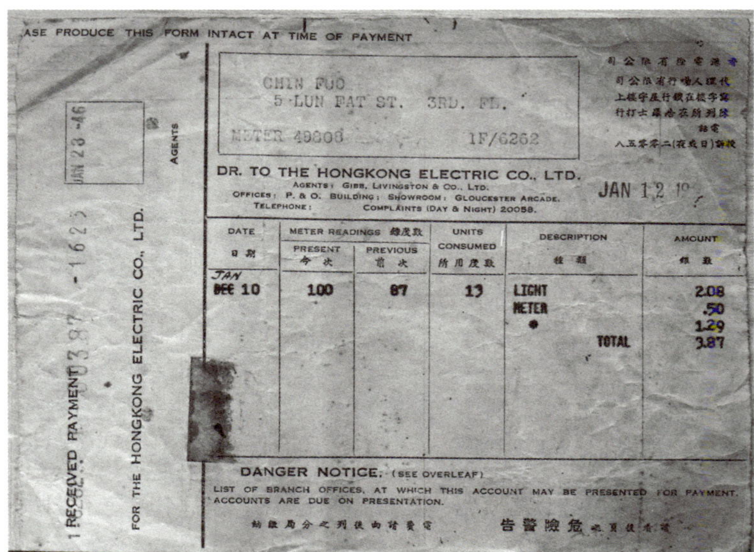

ASE PRODUCE THIS FORM INTACT AT TIME OF PAYMENT

RECEIVED PAYMENT JAN 23 -46

FOR THE HONGKONG ELECTRIC CO., LTD.

AGENTS

CHIN FUO
5 LUN FAT ST. 3RD. FL.
METER 49008 1F/6262

香港電燈有限公司

DR. TO THE HONGKONG ELECTRIC CO., LTD.
AGENTS: GIBB, LIVINGSTON & CO., LTD.
OFFICES: P. & O. BUILDING; SHOWROOM: GLOUCESTER ARCADE.
TELEPHONE: COMPLAINTS (DAY & NIGHT) 20058.

JAN 12 19

DATE 日期	METER READINGS 錶度數 PRESENT 今次	PREVIOUS 前次	UNITS CONSUMED 所用度數	DESCRIPTION 種類	AMOUNT 銀數
JAN 10	100	87	13	LIGHT	2.08
				METER	.50
				*	1.29
				TOTAL	3.87

DANGER NOTICE. (SEE OVERLEAF)
LIST OF BRANCH OFFICES, AT WHICH THIS ACCOUNT MAY BE PRESENTED FOR PAYMENT.
ACCOUNTS ARE DUE ON PRESENTATION.

危險警告

圖 2.3

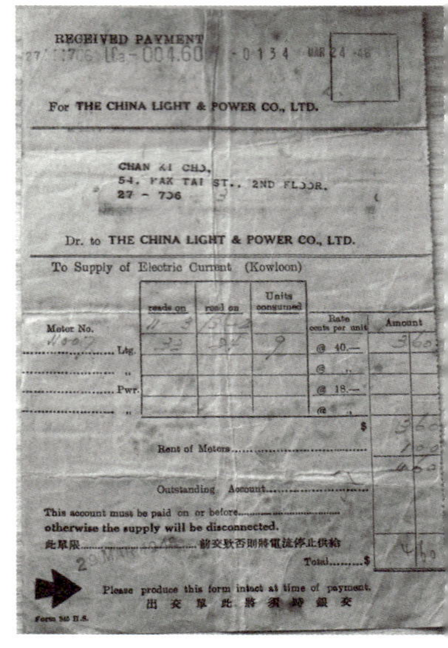

RECEIVED PAYMENT MAR 24 46

For THE CHINA LIGHT & POWER CO., LTD.

CHAN KI CHO,
54, FAK TAI ST., 2ND FLOOR.
27 - 736

Dr. to THE CHINA LIGHT & POWER CO., LTD.

To Supply of Electric Current (Kowloon)

Meter No.	reads on	read on	Units consumed	Rate cents per unit	Amount
Ltg.				@ 40.—	
Pwr.				@ 18.—	

Rent of Meters

Outstanding Account

This account must be paid on or before
otherwise the supply will be disconnected.

Total $

Please produce this form intact at time of payment.

圖 2.4

經過一番努力，鶴園電力廠成功持續供電 1,400KWH 到九龍區，以及供電 2,800KWH 到香港島，為保障香港的電力供應作出貢獻。[1] 圖 2.3 和圖 2.4 是戰後港燈和九燈電費收據。

電話和電報

1945 年 9 月 7 日本地政府電話接通，[2] 私人電話則於 1945 年 10 月 7 日駁通，每月收費 15 元。[3] 圖 2.5 是 1945 年第四季電話收據；

1 *South China Morning Post & the Hongkong Telegraph*, 17 December 1945.
2 *South China Morning Post and the Hong Kong Telegraph*, 7 September 1945.
3 *South China Morning Post and the Hong Kong Telegraph*, 7 October 1945.

圖 2.6 則是電話收據，其背面竟然是日據時代的電話收據，可見當時資源的嚴重缺乏。1945 年 9 月 9 日，香港戰俘一律免費發一電報至倫敦，[1] 1945 年 10 月 2 日，香港的電報服務恢復至世界各地，除印尼、越南、馬來西亞等地方外。[2] 圖 2.7 是 1948 年的電報。

水和煤氣供應

食水（下稱水）供應對於市民的日常生活十分重要。1945 年 9 月初，由於戰後香港的水管日久失修，醫務局長曾要求所有香港居民必須飲用煮熱的水，不能飲用未經煮熱的水，原因是當時傷寒、痢疾和其他腸道疾病肆虐。水務工程師曾考察大潭水塘，發現日軍在戰爭期間不曾為水塘作出任何維修工程。加上，戰爭期間有不少未經授權的明渠連接工程，導致污水流入總蓄水池。過濾食水的濾床沒能得到經常性清潔，香港也缺乏淨化食水的氯氣，這些問題導致食水受到污染。[3] 根據報紙報導，住在堅道以上的半山區居民已經有接近一年的時間沒有任何水供應到戶。[4] 這背後的原因是因為日軍拿走了花園道泵水站的水泵，這個水泵原本是用來把水泵上半山區。這導致半山區的居民沒辦法獲得充足的水供應。[5]

為改善用水問題，軍政府打算從保障水的供應量和淨化措施兩方面着手。在水的供應量方面，軍政府在 9 月初維持每日 350 至 400 萬加侖水的供應，其中赤柱拘留營每日會用 20 萬加侖水。[6] 軍政府

1 *South China Morning Post and the Hong Kong Telegraph*, 9 September 1945.
2 *South China Morning Post and the Hong Kong Telegraph*, 2 October 1945.
3 *South China Morning Post & the Hongkong Telegraph*, 3 September 1945.
4 *South China Morning Post & the Hongkong Telegraph*, 13 September 1945.
5 *South China Morning Post & the Hongkong Telegraph*, 4 December 1945.
6 *South China Morning Post & the Hongkong Telegraph*, 3 September 1945.

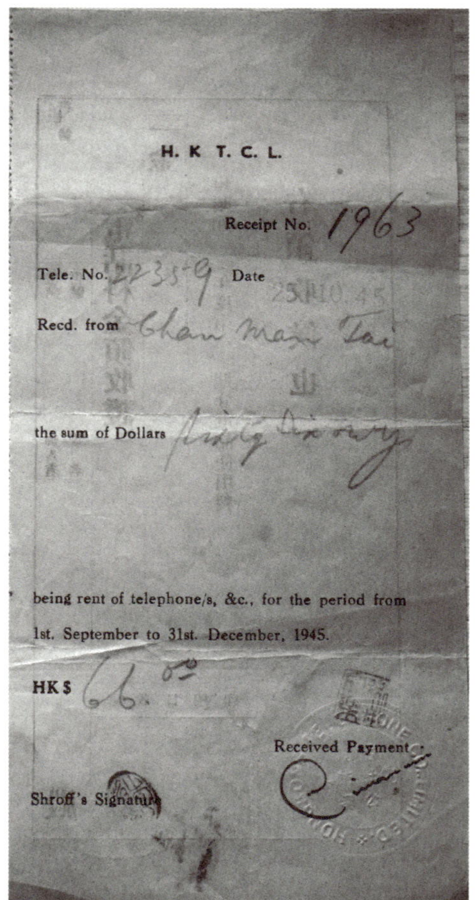

H. K T. C. L.

Receipt No. 1963

Tele. No. Date 25/10.45

Recd. from

the sum of Dollars

being rent of telephone/s, &c., for the period from 1st. September to 31st. December, 1945.

HK$

Received Payment

Shroff's Signature

圖 2.5

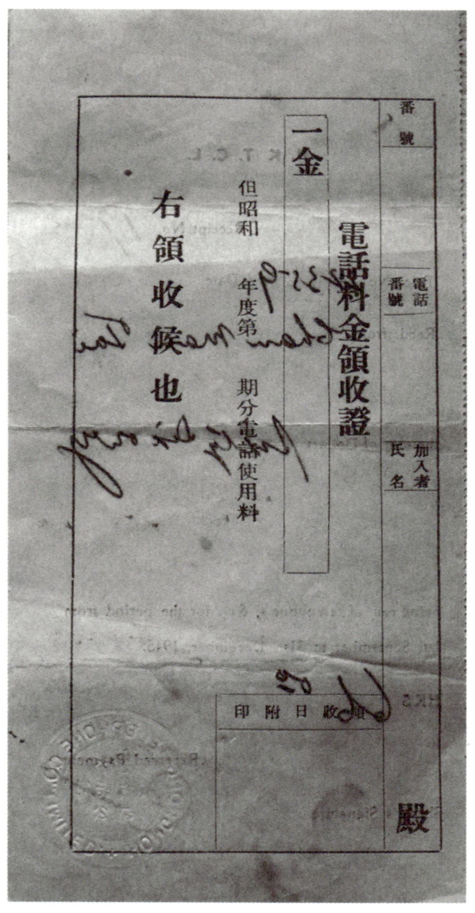

番號

電話料金領收證

一金

但昭和　年度第　期分電話使用料

右領收候也

電話番號

加入者氏名

收入日附印

殿

圖 2.6

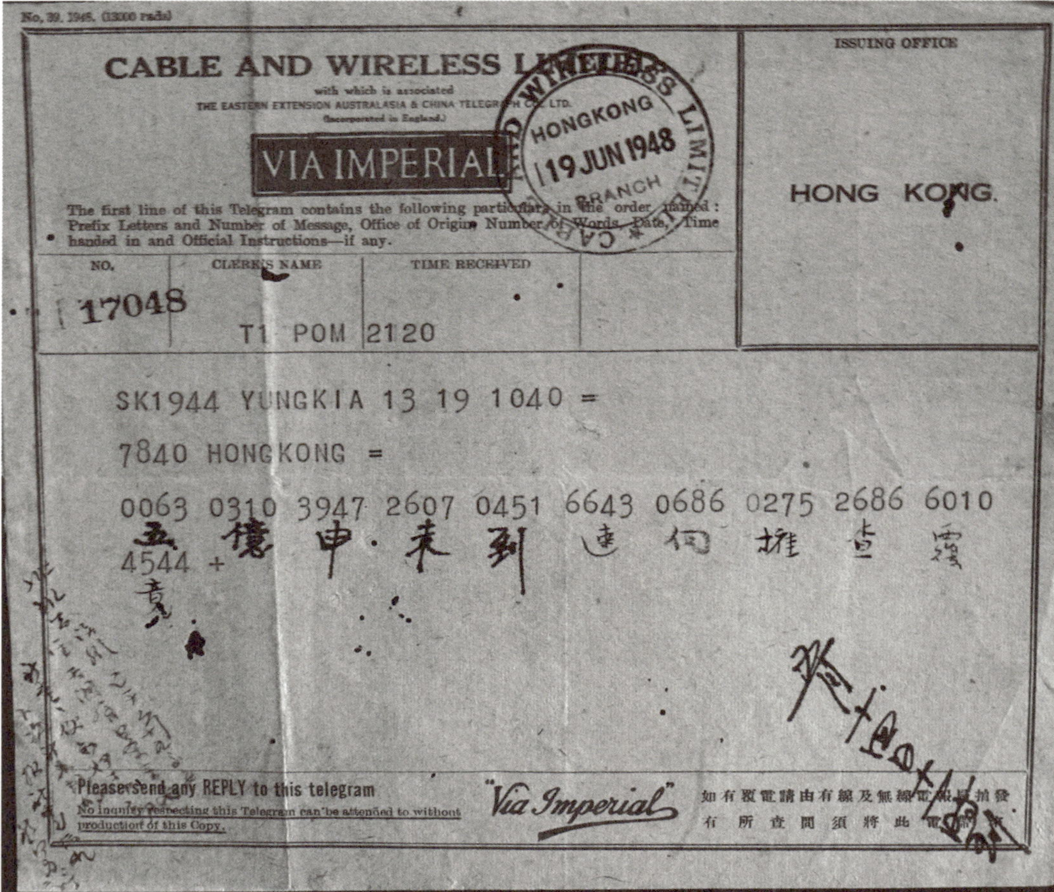
No. 39. 1946. (13000 rads)

CABLE AND WIRELESS LIMITED

with which is associated

THE EASTERN EXTENSION AUSTRALASIA & CHINA TELEGRAPH CO. LTD.

(Incorporated in England.)

VIA IMPERIAL

The first line of this Telegram contains the following particulars in the order named: Prefix Letters and Number of Message, Office of Origin, Number of Words, Date, Time handed in and Official Instructions—if any.

ISSUING OFFICE

HONG KONG.

NO.	CLERK'S NAME	TIME RECEIVED
17048	T1 POM	2120

SK1944 YUNGKIA 13 19 1040 =

7840 HONGKONG =

0063 0310 3947 2607 0451 6643 0686 0275 2686 6010

4544 +

Please send any REPLY to this telegram

No inquiry respecting this Telegram can be attended to without production of this Copy.

"Via Imperial"

如有覆電請由有線及無線電報局拍發

有所查問須將此電紙

圖 2.7

也要求公眾向水務局上報任何水管泄漏的情況。[1] 城門水塘也接近滿溢，為九龍的市民提供足夠的供應。但是香港缺乏足夠的氯存量，軍政府依然未能提供有效淨化的水。與此同時，由於水塘大部分的銅製控制閥被移除，軍政府難以有效控制供水範圍的供水量。[2] 不過，由於用水需求十分大、人均用水量很高、雨量又不足，軍政府打算實施節約用水的計劃（俗稱制水）。[3] 到 1946 年 4 月 25 日，由於降雨量比起平均為低，軍政府還在特定時間暫停水供應，每日晚上 7 點半到早上 6 點半都不會有水供應。[4] 可見，軍政府只是初步開展了重建水供應的工作，未能全面有效應對需求，仍然有待民事政府繼續推展相關工作。

戰事結束後，香港的煤氣供應依然未恢復正常。由於戰後香港的煤炭供應十分緊張，重新供應煤氣的日子自然也是遙遙無期。1945 年 11 月，煤氣公司的總經理史東（H.E. Stone）也不能確定甚麼時候能重新供應煤氣。儘管他知道香港會有煤炭供應，但是他也不清楚供應煤炭的確實日期。[5] 後來，有消息指出，原本運送到香港的煤炭被轉送到新加坡。史東曾公開對記者表示，他對於相關消息感到非常失望。[6] 1946 年 1 月 5 日，煤氣公司終於重新在九龍供應煤氣。[7]

---

1 *South China Morning Post & the Hongkong Telegraph*, 12 September 1945.

2 *South China Morning Post & the Hongkong Telegraph*, 8 September 1945.

3 *South China Morning Post & the Hongkong Telegraph*, 4 December 1945.

4 *South China Morning Post & the Hongkong Telegraph*, 25 April 1946.

5 *South China Morning Post & the Hongkong Telegraph*, 9 November 1945.

6 *South China Morning Post & the Hongkong Telegraph*, 21 November 1945.

7 *South China Morning Post & the Hongkong Telegraph*, 5 January 1946.

糧食供應

香港在太平洋戰爭結束後面對嚴重的糧食不足問題。例如，新界居民的糧食供給情況就不太樂觀。根據 1945 年 9 月 25 日的報章報導，部分新界居民面對着嚴峻的糧食不足和糧食價格高企的情況。有些新界居民需要以 60 仙一斤的高價購買食米。根據調查，有 2,000 名沙田村民急需獲得援助。在米價達到最高點的時候，一些大埔居民甚至要吃樹葉和樹枝充飢。有村長希望政府盡快開設米庫，以緩解居民不得不買貴價米的生活壓力。元朗的村民則只有 8 到 10 個月的存糧，同時有 600 名荃灣的村民每日獲一斤熱飯作為援助。[1] 可見，整體來說，新界居民的糧食供給情況十分緊張。

軍政府多管齊下增強香港的糧食供應。嘗試減低糧食的成本和向有需要人士提供免費的熱飯。[2] 軍政府加強反海盜的巡邏，以確保由澳門、廣州灣、汕頭等地運送糧食到香港的線路不會受到海盜的干擾。[3] 1945 年 9 月 5 日，赤柱拘留營的居住者終於獲得一批白麵包、並預期會在日後獲得罐頭牛奶、水果等作為每日的餐點。但是，由於資源有限，麵包都是由一些 4 年前的麵粉製成。[4] 其後，軍政府採用船隊運送包括糧食在內的物資。[5] 根據總統計師（Chief Censor）斯洛斯（D.J. Sloss）的統計，香港在 9 月 7 日有足夠 60 萬人 15 日的食米儲備。軍政府亦徵用船隻從珠三角運送稻米到香港。自 9 月 8 日開始，軍政府會在德輔道西 3 至 7 號設立食米分派中心，由梁耀（Leung Yew, 1911-1981）擔任總經理的永和興（Wing

1 *South China Morning Post & the Hongkong Telegraph*, 25 September 1945.
2 *South China Morning Post & the Hongkong Telegraph*, 12 October 1945.
3 *South China Morning Post & the Hongkong Telegraph*, 6 September 1945.
4 *South China Morning Post & the Hongkong Telegraph*, 5 September 1945.
5 *South China Morning Post & the Hongkong Telegraph*, 7 September 1945.

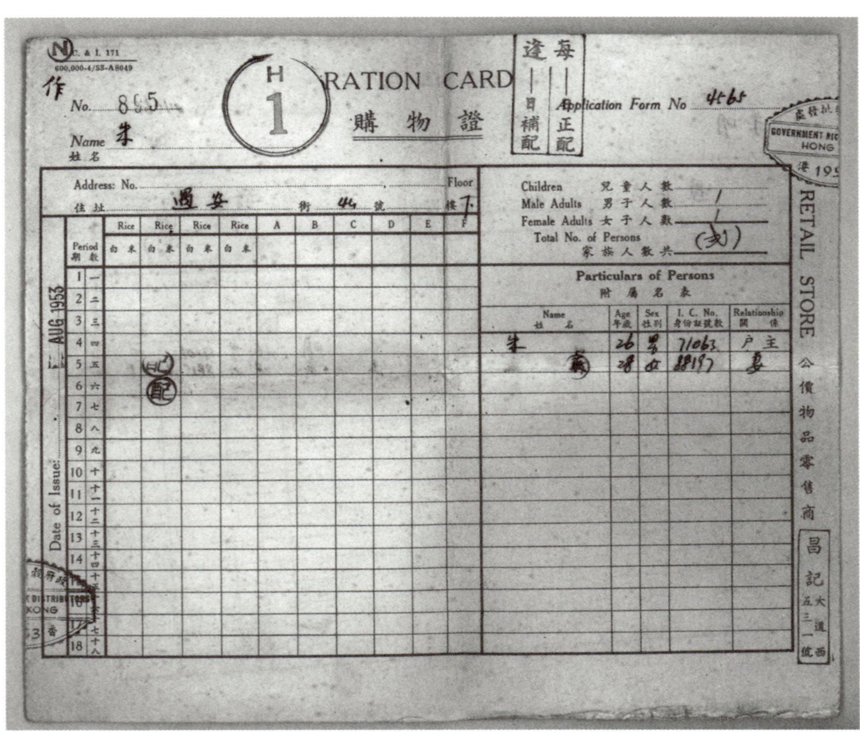
C. & I. 171
600,000-4/53-A8049

作
No. 885
Name 朱
姓名

H
1

RATION CARD
購物證

每逢 正配
日 補配

Application Form No 4565

Address: No. ... Floor
住址 ... 街 44 號 樓 7

Children 兒童人數
Male Adults 男子人數 1
Female Adults 女子人數 1
Total No. of Persons
家族人數共 (式)

Particulars of Persons
附屬名表

Name 姓名	Age 年歲	Sex 性別	I. C. No. 身份証號數	Relationship 關係
朱	26	男	71063	户主
	28	女	88197	妻

Date of Issue: AUG 1953

RETAIL STORE
公價物品零售商
昌記
大道西

圖 2.8

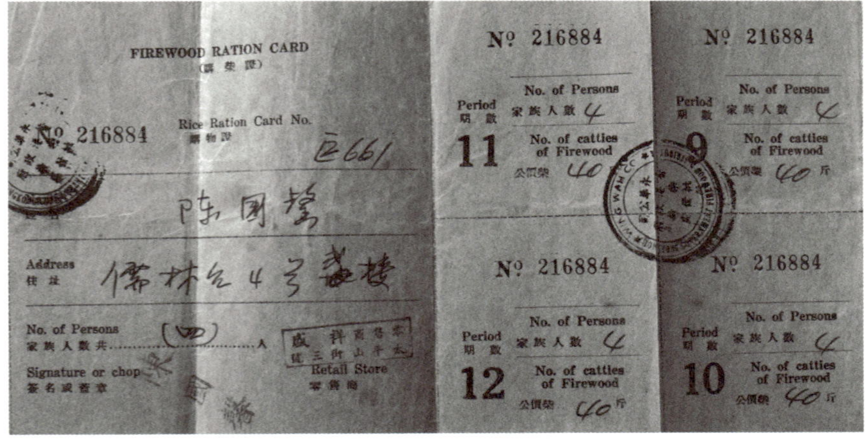
FIREWOOD RATION CARD
(購柴證)

No 216884

Rice Ration Card No.
購物證 E661

陈国

Address
住址 儒林台4号

No. of Persons
家族人數共 (四) 人

Signature or chop
簽名或蓋章

Retail Store
零售商

№ 216884
Period 期數 11
No. of Persons 家族人數 4
No. of catties of Firewood 公價柴 40

№ 216884
Period 期數 9
No. of Persons 家族人數 4
No. of catties of Firewood 公價柴 40 斤

№ 216884
Period 期數 12
No. of Persons 家族人數 4
No. of catties of Firewood 公價柴 40 斤

№ 216884
Period 期數 10
No. of Persons 家族人數 4
No. of catties of Firewood 公價柴 40 斤

圖 2.9

Wo Hing）米舖管理。永和興會負責委任食米的零售商，並負責確保所有的指定零售商必須從倉庫直接取得食米。[1] 1945 年 12 月，香港的商店已經具備一定的存貨，糧食價格亦逐步回落。[2] 但是，1946 年 1 月 25 日的報導指出，牛肉、豬肉、雞、鴨、蛋的價格似乎依然繼續上升。[3] 同年 1 月 23 日，重 8,000 噸的合關號（Hopecrown）從澳洲出發來到香港。船上的食物包括麵粉、糖、煉奶、罐頭肉等。這些食物大部分會通過批發商和零售商送到市場售賣。而且，軍政府也有通過麵包廠加快將麵粉製成麵包。1946 年 1 月 27 日，這些麵包廠已能每天產出 28,000 磅麵包，並預期將提升到每天供應 40,000 磅麵包。[4] 可見，軍政府從不同渠道嘗試增加香港的糧食供應。圖 2.8 是政府發出的購物證，規定居港 7 年的居民才可申請，憑證買米。憑購物證居民又可領買柴證，見圖 2.9。

重建碼頭

根據軍政府的總結報告，日軍攻擊香港的時候造成了一些倉庫的損毀。其後，美軍轟炸日軍的時候擊中了其中一些碼頭。因此，九龍倉（The Hong Kong & Kowloon Wharf and Godown Company）的 5 個碼頭之中，只有 3 個能全面運作。至於藍煙囱碼頭（Holt's Wharf）的兩個碼頭之中，有一個暫時未能使用。而且，沒有一部起重機能正常運作，主要碼頭也被不少物件，如碉堡、防空洞、被燒壞的汽車及不同雜物妨礙正常運作。碼頭附近也有很多沉沒的拖船

1 *South China Morning Post & the Hongkong Telegraph*, 7 September 1945.
2 CO 129/592/6, p.16.
3 *South China Morning Post & the Hongkong Telegraph*, 25 January 1946.
4 *South China Morning Post & the Hongkong Telegraph*, 27 January 1946.

和駁艇。而且，日軍也沒有進行維修或保養港口的工作。[1]

戰爭結束後，由船長克雷里（Capitan W.B. Creery）領導的加拿大軍艦羅伯特王子號（HMCS Prince Robert）也曾在戰事結束後停泊在藍煙囱貨艙碼頭，證明加拿大軍隊也曾在戰後來到香港。[2] 1945 年 9 月 3 日，第一隊來自 HMS Venerable 的英軍在九龍登陸，隨即馬上佔用了藍煙囱貨艙碼頭和火車站的位置。[3] 就在同一日，不少人在九龍倉碼頭見證着醫療船牛津郡號（Oxfordshire）駛離香港。[4] 1945 年 9 月 9 日，獲得遣返的人士開始登上停泊在九龍倉碼頭的澳洲皇后號。兩日後，即 9 月 11 日，澳洲皇后號會到赤柱接載一批同樣需要遣返的人士。[5] 1945 年 9 月 5 日，有一艘來自紐西蘭的醫療船 Maunganui 曾到香港，停泊在九龍倉碼頭的岸邊。[6] 到了 1945 月 10 月 27 日，九龍倉碼頭的清理工作已經大致完成。而九龍倉碼頭和藍煙囱貨艙碼頭輕微的必要維修工作亦正在進行。[7] 1945 年 12 月，有報章報導一艘大型貨船格蘭特總統號（SS President Grant ）預計會從三藩市到上海，然後再來香港。這艘貨船會停泊在九龍倉集團的其中一個碼頭。船隻運載着大量食物，包括麵粉、燕麥片、罐頭食物、蘋果、薯仔等等。[8] 從 1946 年 3 月 1 日起，藍煙囱碼頭能全面回復商業運作。[9] 由此可見，香港在太平洋戰爭後依然有碼頭維持有限度的運作。

---

1 CO 129/591/12, pp.44-45.

2 https://www.rcnhistory.org/museum-princerobert-hongkong.htm

3 *South China Morning Post & the Hongkong Telegraph*, 6 October 1945.

4 *South China Morning Post & the Hongkong Telegraph*, 4 September 1945.

5 *South China Morning Post & the Hongkong Telegraph*, 10 September 1945.

6 *South China Morning Post & the Hongkong Telegraph*, 5 September 1945.

7 CO129/591/20, p.65.

8 *South China Morning Post & the Hongkong Telegraph*, 7 December 1945.

9 CO 129/591/12, p.47.

郵政服務

1945 年 9 月 5 日，由於郵政服務未回復正常，軍政府推出有限度的免費郵政服務，讓市民能在一定條件下使用郵政服務。市民在香港郵政總局（Hong Kong General Post Office）和九龍中央郵政局（Kowloon Central Post Office），寄出收件地址為中環、九龍中、赤柱、深水埗和拘留營的信件和明信片。寄信或明信片的時候，市民不需要將相關物品貼上郵票。[1] 根據報導，有不少人為了獲得這封極具紀念意義的首日封而紛紛去寄信。不過，郵政局表明不會為任何郵件蓋上有日期的印章，只會為郵件蓋上有年份和香港地名的印章。[2] 見圖 2.10。其後，郵政局發現有不少信件只有信封而沒有信件。因此，郵政局重申這些免費的郵政服務不是為了讓市民集齊郵政局的蓋章，並拒絕派發這些郵件。[3] 郵政局的官員曾經指出，軍政府已經準備了一些新的郵票，日軍也有保存不少戰前的郵票。但是，由於沒有足夠的郵票，在國際郵政法（International Postal Act）的規定下，市民也不能把信件送出香港。不過，他表示政府很快就可以妥善地重建郵政服務，並會提供收費的郵政服務。9 月 28 日，郵政局正式宣告本地免費郵政服務終止。[4] 圖 2.11 是當天開始收費的信封。署理郵政局局長（Postmaster General）也正在積極尋求恢復空郵服務。[5] 之後，報導指出，開始會恢復寄送日常信件和明信片到澳門的服務，首安士收費為 8 仙，額外每安士或不足一安士也以 4 仙計算。信件最重為 4 磅。明信片每張 2 仙。預計每週最少一次送

---

1 *South China Morning Post & the Hongkong Telegraph*, 5 September 1945.

2 *South China Morning Post & the Hongkong Telegraph*, 6 September 1945.

3 *South China Morning Post & the Hongkong Telegraph*, 7 September 1945.

4 *China Mail*, 28 September 1945.

5 *South China Morning Post & the Hongkong Telegraph*, 22 September 1945.

中華民國郵政明信片
HONG KONG
1945
POSTAGE PAID
文咸西街31號
陳國樑先生啓
圖 2.10

HONG KONG
1841-1941
HONG KONG
NOON
28 SP
45
British Re-occupation of Hong Kong.
MR. S. B. Yue,
P.O. Box 45
Hong Kong.
圖 2.11

圖 2.12

信到澳門。[1] 到 1945 年 10 月 28 日，郵政局部分恢復由英國送信到香港的服務。信件不能重過一安士。以水陸郵件（surface mail）方式送信的收費為 2.5 便士，送明信片收費為 2 便士；以空郵（air mail）方式送航空郵簡的收費為 6 便士，送其他類型的信件的收費為每 0.5 安士 1 先令又 3 便士，送明信片收費為每張 7 便士。[2] 圖 2.12 是戰後首個紀念首日封。

其他公共交通工具

除了航空交通之外，香港水路和陸路交通也逐步重新投入服務。軍政府也逐步重建水上交通服務。1945 年 9 月 3 日，天星小輪

1 *South China Morning Post & the Hongkong Telegraph*, 28 September 1945.
2 *South China Morning Post & the Hongkong Telegraph*, 28 October 1945.

重新投入服務，由港島開出的尾班船為晚上 7 時 30 分，而由尖沙咀開出的尾班船為晚上 8 時，以遵守政府的晚上 9 點開始宵禁的法律規定。來往港島和長洲的渡輪也在 9 月 4 日重新投入服務。但是，來往長洲的渡輪只會在單數日子運行，雙數日子則改以大澳為航點。[1] 到了 9 月 8 日，深水埗往港島的渡輪投入服務，渡輪會途經旺角。[2] 9 月 21 日，香港來往澳門的渡輪亦投入服務，此前已經利用相關航線運送糧食。[3]

1945 年 9 月 23 日，由中環碼頭去往銅鑼灣的巴士服務投入運作。開辦當日，所有巴士都非常擁擠。路線的收費為 2 毫，每半小時一班車。[4] 由於戰後香港的汽車數量非常少，巴士服務十分有限。1945 年 10 月初，由於港燈的北角發電站成功供應電力，電車重新投入運作。電車公司會先提供由屈地街到銅鑼灣的電車服務，暫時未能提供由跑馬地到堅尼地城的服務，直至維修工程完成。頭等座收費為 2 毫、三等座收費為 1 毫。[5] 1946 年 4 月 9 日，九巴重啟由尖沙咀到元朗的巴士服務，路線號碼為 3 號。3 號線在每日的上下午各有 3 班車，全程收費 2 元。在開通 3 號線前，市民只能通過單車或貨車作為出入新界的交通工具。這些交通工具的收費普遍較貴，而且沒有定時的班次。因此，3 號線改善了新界和九龍之間的交通狀況。[6] 政府亦允許將部分貨車改裝成巴士，讓中華巴士（China Motor Bus Company）得以開通部分巴士服務，例如來往油麻地碼頭和香港仔的巴士路線。[7]

1 *South China Morning Post & the Hongkong Telegraph*, 3 September 1945.
2 *South China Morning Post & the Hongkong Telegraph*, 8 September 1945.
3 *South China Morning Post & the Hongkong Telegraph*, 22 September 1945.
4 *South China Morning Post & the Hongkong Telegraph*, 23 September 1945.
5 *South China Morning Post & the Hongkong Telegraph*, 5 October 1945.
6 *South China Morning Post & the Hongkong Telegraph*, 10 April 1946.
7 *South China Morning Post & the Hongkong Telegraph*, 30 April 1946.

不過，陸路交通的重建工作面對不少挑戰和局限。1946 年 3 月，有一位自稱紅磡居民的人士指出，九龍巴士公司（Kowloon Motor Bus Company）在戰後已經重啟彌敦道的巴士服務，但並沒有提供便利紅磡區居民的巴士服務。該位人士希望九巴開辦一條循環線，以天星小輪碼頭為起點，沿着彌敦道和九龍城，再經過紅磡返回碼頭，以改善紅磡區的交通狀況。[1] 時任香港電車公司（Hongkong Tramways Ltd）主席蘭杜（D.F. Landale）曾在 1946 年 6 月的會議上回顧戰後初期的電車服務發展。在戰事結束後有 112 輛電車，其中只有 30 輛電車是可以提供服務。到了 1946 年 6 月，電車公司也只能讓 60 輛電車投入服務。[2] 由此可見，雖然軍政府推動不同範疇的重建工作，當時的交通工具服務依然存在不少局限性。隨着香港的人口呈上升趨勢，交通運輸需求自然也隨之增加，推動進一步的城市規劃工作顯得越來越重要。

娛樂

為響應軍政府籌款，皇后戲院於 1945 年 10 月 30 日復業。[3] 圖 2.13 是娛樂戲院 1946 年 1 月的戲票。第五軍隊響應軍政府籌款，於 1945 年 11 月 25 日在粉嶺雙魚河（近金錢村雙魚河波會）舉行戰後首次賽馬。[4]

1 *South China Morning Post & the Hongkong Telegraph*, 10 March 1946.

2 *South China Morning Post & the Hongkong Telegraph*, 30 June 1946.

3 *South China Morning Post and the Hong Kong Telegraph,* 30 October 1945.

4 *South China Morning Post and the Hong Kong Telegraph,* 24, 25 & 26 November 1945.

圖 2.13

從軍政府到民事政府

英國官員曾召開多次會議商討從軍政府過渡到民事政府的交接事宜。英國政府原本預訂在 1946 年 2 月 1 日進行交接，其後修訂為不遲於 1946 年 3 月 1 日進行交接工作。不過，軍政府認為要在 3 月 1 日進行交接並非容易的事情，只有滿足兩大條件才能如期在 3 月 1 日完成交接工作。兩大條件為：有足夠的民事官員在香港接手職務和有足夠的民用資源。其後英國政府決定新港督將會在 5 月 1 日回到香港述職。然後，軍政府和民事政府的官員就不同項目交換意見，楊慕琦亦定於 4 月底來到香港。[1]

1946 年 3 月 23 日，媒體報導了有關楊慕琦會否成為新任港督的消息，表示倫敦方面沒有否認或者承認這個消息。[2] 到了 4 月 2 日，媒體報導楊慕琦將會成為新一任的港督，任期為一年。[3] 楊慕琦成為戰後民事政府的第一任港督具有特別意義。作為戰前香港的最後一任港督，楊慕琦接任港督不但體現出政府對於回復戰前秩序的願景，也象徵着政府政策的連貫性。1946 年 4 月 30 日下午 2 時 15 分，楊慕琦乘坐空軍打高達號（Dakota）在啟德機場降落。檢閱儀仗隊之後，楊慕琦乘車前往半島酒店休息，準備之後到皇后碼頭參與正式典禮。到了 5 月 1 日，夏慤領導的軍政府在早上 10 時正式結束歷史任務，楊慕琦正式重新就職。整個典禮都由 ZBW 和 ZEK 負責廣播。夏慤亦在當日下午 2 時 30 分在皇后碼頭向眾人告別，並預計於 6 月 6 日抵達樸斯矛夫（Portsmouth）。[4]

楊慕琦的任期只有一年，表明只是屬於過渡性質。然而，正因為他是個過渡人物，楊慕琦需要嘗試處理好戰後香港的重建工作，協助規劃香港的未來發展。1946 年 5 月 16 日，楊慕琦在立法會會議提到政府有三大需要優先處理的項目，分別是政府財政問題、物資供應問題和房屋問題。楊慕琦提到，香港無可避免需要面對龐大財政赤字，這是因為政府需要大量資金去維修建築物，為每個政府部門購買所需的設備和大量薪酬開支。第二，香港也面對物資供應不足的問題。楊慕琦指出，雖然香港當時的物資供應狀況並非完全不

1 Hong Kong Public Office, HKRS169/2/7.

2 *South China Morning Post & the Hongkong Telegraph*, 23 March 1946.

3 *South China Morning Post & the Hongkong Telegraph*, 2 April 1946.

4 *South China Morning Post & the Hongkong Telegraph*, 1 May 1946.

可接受，但是依然面對糧食不足的問題，例如缺乏充足的大米、麵粉和豆類。因此，政府有必要盡快開拓糧食供應來源，以及把政府的罐頭食物儲備派發給公眾，緩解燃眉之急。同時，香港的煤炭供應也會面對不少限制，因為婆羅乃在戰爭期間遭受破壞，而婆羅乃是供港煤炭的主要來源。第三，楊慕琦先在會議上感謝重建建築物顧問委員會就處理戰後房屋問題所作的努力，後指出政府會積極考慮委員會的建議，例如統籌進口建築材料工作等，以期盡快處理香港的房屋問題。[1] 可見，前文所述的軍政府重建工作只是重建香港的第一步，楊慕琦領導的民事政府需要繼續努力，讓戰後的香港回復正常運作。

待續的重建工作

在不同持分者的共同努力下，香港的戰後重建工作確實在短時間內取得了一定進展。1946 年，著名攝影家摩利臣（Hedda Morrison）拍下香港當時情景，她的相片中只有香港大學還可以見到戰爭的痕跡，表明香港的戰後重建工作取得一定成果。從覆蓋範圍而言，軍政府並非只是推動香港島和九龍的重建工作，還關注到新界居民的需要。除了上述的重建工作之外，軍政府也通過派發免費糧食給居住在新界的市集（market towns）和偏遠村落（outlying villages）的有需要人士，並採取委任代理人按政府控制的價格售賣食米等措施，緩解新界居民的生活所需。這些政策有助滿足新界居民的溫飽，盡量降低市民的生活成本。而且，軍政府也設立援助基金聘請新界的草根居民協助簡單的公益事務，例如清理街道上的雜

1 Hong Kong Legislative Council, *Hong Kong Hansard*, 16 May 1946, pp.19-21.

草、清潔街道和重開新界的市集。同時，軍政府亦在新界重建藥房和健康中心，保障新界居民的健康。[1]

城市規劃作為重建香港的大事之一，民事政府也有必要進一步開展相關工作，為香港的未來發展作好準備。經過一輪磋商之後，民事政府邀請到著名的城市規劃專家亞拔高比（Patrick Abercrombie, 1879-1957）協助規劃香港的發展。1947 年 11 月，亞拔高比抵達香港。他亦曾經在扶輪社午餐例會發表演講，提出一些關於如何規劃香港的城市發展的初步想法。到了 1948 年 9 月，亞拔高比提交了報告的初稿。亞拔高比的報告內容十分廣泛，涵蓋住宅用地規劃、工業用地規劃、道路交通規劃等不同範疇的建議，可謂戰後香港的城市規劃藍圖。[2]

不過，短短一年左右的時間實在不足以讓香港馬上恢復正常運作，其後楊慕琦和葛量洪（Alexander William George Herder Grantham，1899-1978）領導的民事政府繼續推進重建香港的工作。1948 年 6 月，著名傳媒人活克（H.G.W. Woodhead）曾在一次由扶輪社舉辦的講座中，分享他在 1946 年 6 月中來到香港時的第一印象。據他所講，大部分市民當時都是在政府主理的餐廳用餐。同時，大部分位於山頂、石澳和淺水灣的住宅仍然處於裝修之中，而搶劫住宅建築材料的罪案，例如搶劫裝修配件等，依然繼續發生。交通工具方面，街道上只有非常少的私家車、的士、電車和巴士。而且，維多利亞港仍然有不少沉船，很多位於中環的建築物依然有被砲彈損毀的痕跡，戰爭的痕跡依然存在。[3] 除了活克的分享之外，

---

1 CO129/595/9, p.39.

2 可參考 CO129/614/2、CO129/614/3、CO129/614/4、*China Mail*, 26 November 1947; *South China Morning Post* , 26 November 1947; *South China Morning Post* , 4 November 1947 等資料。有關亞拔高比報告的前因後果，詳見第八章。

3 *South China Morning Post*, 16 June 1948.

重建九廣鐵路的工作也說明了香港仍然需要開展更多、更持續的重建工作。由於資源還是相對短缺，軍政府未能為筆架山隧道作永久性的維修。但為了盡快和安全地通車，軍政府只能採取一些暫時性的措施補足。[1] 因此，九廣鐵路雖然回復恆常服務，但是鐵路服務的班次依然未回復到戰前的頻率，其中一個原因是火車頭數量不足。[2] 這表明政府需要從財政政策、糧食供應、社會福利、基建設施、旅遊業發展、娛樂生活等多方面着手，改善市民在戰後的生活狀況，開拓發展空間。

1 CO129/591/12, p.41.

2 CO129/595/9, p.40, 114.

03

重建金融和財政系統

戰爭結束後，政府需要大量資金推動社會經濟不同層面的重建工作，但又沒有足夠的收入來源。為此，在重新確定法定貨幣，穩定市場秩序後，政府發行了復興債券彌補龐大的支出，並因地制宜推出按個人入息課稅的新稅制，大幅增加財政收入，為各項重建事業奠定財政基礎。

太平洋戰爭結束後，政府有必要馬上重建香港的金融和財政秩序，從而為重建工作提供足夠的資金，並恢復投資者的信心。舉個例子，日軍佔領香港期間，香港一直存在黑市交易活動。這些黑市交易活動不但包括港幣和法幣的交易，還包括香港公用事業公司的股份交易。由於戰後生活成本太高，部分華人需要把手上的股份賣出套現。[1] 由此可以推測，香港戰後的金融秩序有待重建。與此同時，政府需要大量資金推動社會經濟不同領域的重建工作，包括社會福利政策和興建基礎設施等等。這些政策對於促進經濟發展，推動重建工作十分重要。但資金從何而來？一方面，政府需要推動不少重建工作；另一方面，政府又沒有足夠的收入來源和資金推動重建。加上，徵收大量稅項可能招致商界的不滿，反而有礙經濟發展。政府如何在戰事結束後應對這些兩難的局面，重建香港的金融和財政秩序，就是本章的討論要點。

1 *South China Morning Post & the Hongkong Telegraph*, 4 September 1945.

政府的財政和金融政策方針[1]

香港影子政府在「殖民地部」早於日據時代已制定了一份貨幣和財政政策指南（*money and fiscal guide*），勾勒了如何在戰事結束後重建香港的貨幣和財政系統。首先，戰後的法定貨幣和戰前的維持一致，意即港幣依然是香港的法定貨幣。除了一些滙豐銀行在日據時期發行的鈔票之外，香港及上海滙豐銀行（The Hong Kong and Shanghai Banking Corporation）、印度新金山中國匯理銀行（The Chartered Bank of India, Australia and China）和有利銀行（The Mercantile Bank of India）所發行的鈔票，以及由政府發行的輔助硬幣（subsidiary coins），都是戰後的法定貨幣。戰後發行的新鈔票會採用新的系列，但是戰後和戰前的鈔票的地位並無二致，會被同等接受。同時，政府會特別處理銀行在日據時期發行的鈔票。在政府對於相關鈔票有更深入的了解之前，政府會妥善保管所有銀行存款，但是並不擔保存戶擁有的日據時期發行的鈔票日後還能有價值。而且，日本貨幣（Japanese currency）作為法定貨幣的地位會被終止，即政府不會承認任何由日本人發行的貨幣。除非獲得許可，政府也會禁止所有港幣或法幣（Chinese National Currency）之外的貨幣流入或流出香港。[2]

根據這份指南，政府重建香港的金融和財政秩序的時候需要避免通脹。在匯率方面，政府會宣告將匯率定為一港幣兌換英鎊一先令（shillings）三便士（pennies）[3]。政府將會暫時凍結所有銀行戶口和保險箱等，並採取必要措施保障貴重物品、記錄等的安全。政府

1 CO129/591/18, pp.245-252.

2 CO129/594/5, p.14.

3 一英鎊有 20 先令，一先令有 10 便士。

亦會暫時延遲戰前債務的償還期。政府不會重開所有在香港的日本銀行或日本金融機構。當情況許可的時候，政府會查看有關機構的工作，並準備有關機構的清盤程序。為了達成四項目標，政府需要在最短的時間內評估所有非日本銀行的情況，並在確保政府能適度控制該等銀行的條件下，盡快重開該等銀行的交易。這四項目標包括：進行政府要求的官方商業活動（official business）、接受或提取新的存款和批出新的預付款項。其他兩大目標包括：銀行能在有完備計劃下運行舊的銀行存款往來，以及收回未償還貸款的款項。與此同時，政府需要盡快批准所有在戰前已經在香港營運的英國銀行或盟軍的銀行代表重新進入香港，並為這些代表提供一切必要設施協助他們重新了解銀行的情況。政府也會諮詢有關代表對銀行問題的看法，包括如何盡快重新提供銀行服務和處理戰前或戰後的存款或預付款問題。政府亦會盡快重開銀行存款。如果用戶需要存入新的款項，這些款項並不會存入舊的戶口，只會存入新的戶口。稅務法律方面，政府需要在可行的情況下盡快重新實施戰前的財政和稅收法律。如果政府有需要改變稅務政策的程序或稅收比率，政府必須在調整稅務政策之前取得軍部（War Office）的批准。[1]

貨幣流動

軍政府上台後，計劃重新確立港幣作為法定貨幣的地位。由於印製新港幣需時，其間政府推出加蓋鈔票，即在日幣上加蓋「香港政府一元」充作臨時鈔票，見圖 3.1。[2] 當新鈔票抵港後，1945 年 9 月 13 日晚上 9 點，軍政府宣告確立一港幣兌換英鎊一先令三便士的匯

1 CO129/594/5, pp.14-16.
2 《明報月刊》：陳成漢：〈香港一元紙幣的故事〉（2012 年 5 月）。

圖 3.1

率。同時，港幣不會再跟日本軍票（Japanese Yen）有任何聯繫。這個將港元與強貨幣掛鉤的政策，今天仍然沿用。由於當時缺乏足夠的鈔票供應，軍政府限制市民從銀行戶口和其他服務（the Services）所提取的金額。[1] 軍政府強調，1941 年 12 月 25 日時的法定貨幣就是戰後的法定貨幣。如前文提及，任何在戰後新發行和戰前發行的港幣皆享有同等地位，而戰前和戰後的港幣也是可以互換的。在太平洋戰爭期間，日本人曾經印發一些不同面值的港幣鈔票。為了避免造成不必要的困難，軍政府決定把這些港幣鈔票之中面值 10 元或以下的納入為戰後的法定貨幣，而面值 10 元以上的就不會被視作法定貨幣。由於不少戰前的港幣鈔票都在戰時遺失或被摧毀，英國政府在倫敦印刷了新的港幣鈔票，以補充港幣鈔票供應量的不足。為了

1 CO129/591/18, p.251.

讓市民能盡快使用新的港幣鈔票，軍政府亦公佈任何持有銀行賬戶的市民都可以向銀行申請 200 元的賬戶透支。[1] 為了讓新的港幣鈔票盡快流入市面，政府會為賬戶透支的情況作擔保。[2] 可見軍政府在禁止日本軍票的流通一事上態度明確。軍政府了解到市民未必能在頒佈公告後即時得悉相關公告的信息，亦不希望市民繼續使用日本軍票。於是，軍政府在過渡期間以政府支出資助報業免費派發報紙，亦讓市民免費乘搭渡輪，直至市民都獲悉相關信息為止。[3] 可是，物價並沒有隨着港幣重新成為法定貨幣而顯著穩定下來。根據 1945 年 10 月 10 日的報告，港幣成為法定貨幣後，物價確實有開始穩定下來的跡象，但是，在未獲得充足的物資供應之前，香港的物價依然會處於比較浮動的狀態。[4]

圖 3.2 是財政司霍勞士（Geoffrey Follows, 1896-1983）簽署的 1 元港幣，圖 3.3 是 5 元港幣於 1946 年 3 月面世，由滙豐銀行大班摩士（Arthur Morse, 1892-1967）簽署。

復興債券

民事政府接手後預計重建費用達 2 億元，唯有發行復興債券彌補龐大的支出。政府以其收入和資產作為擔保，發行 1.5 億復興債券，分兩期推出，首期 5,000 萬元，利率為三厘半，約於 1973 至 1978 年間贖回。每年設置還債準備基金，約為債項 1%，再逐年增加。發債草案於 1947 年 12 月 3 日在立法局通過，三讀則在 12 月

1 *South China Morning Post & the Hongkong Telegraph*, 14 September 1945.
2 *South China Morning Post & the Hongkong Telegraph*, 14 September 1945.
3 *South China Morning Post & the Hongkong Telegraph*, 14 September 1945.
4 CO129/591/20, p.58.

GOVERNMENT OF HONGKONG
壹
1
香港政府 W/3 172551
THESE NOTES ARE LEGAL TENDER
FOR THE PAYMENT OF ANY AMOUNT
ONE DOLLAR
壹圓
HONGKONG 9TH APRIL 1949
FOR THE GOVERNMENT OF HONGKONG
W/3 172551
FINANCIAL SECRETARY

圖 3.2

香港上海滙豐銀行
5
伍
THE HONGKONG & SHANGHAI BANKING CORPORATION
Promises to pay No W614,790 No W614,790
the Bearer on demand at its Office here
伍圓
FIVE DOLLARS
伍圓
or the equivalent in the Currency
of the Colony. Value received.
HONGKONG 30TH MARCH, 1946.
BY ORDER OF THE BOARD OF DIRECTORS
CHIEF ACCOUNTANT
CHIEF MANAGER
香港
HONGKONG
香港

圖 3.3

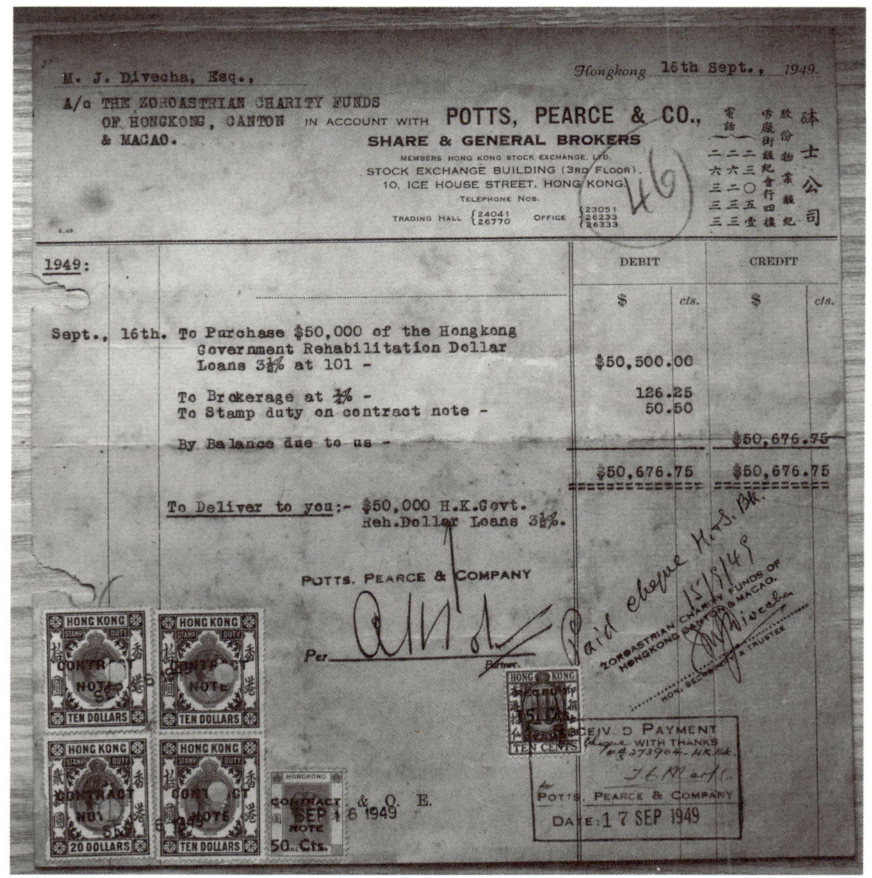

M. J. Divecha, Esq.,

Hongkong 16th Sept., 1949.

A/c THE ZOROASTRIAN CHARITY FUNDS OF HONGKONG, CANTON & MACAO. IN ACCOUNT WITH

POTTS, PEARCE & CO.,
SHARE & GENERAL BROKERS
MEMBERS HONG KONG STOCK EXCHANGE, LTD.
STOCK EXCHANGE BUILDING (3RD FLOOR),
10, ICE HOUSE STREET, HONG KONG.
TELEPHONE NOS.
TRADING HALL {24041 26770 OFFICE {23051 26233 26333

砵士公司
股份物業經紀
雪廠街經紀會行四樓
電話 二三〇五壹 二六二三三 二六三三三

1949:			DEBIT $ cts.	CREDIT $ cts.
Sept.,	16th.	To Purchase $50,000 of the Hongkong Government Rehabilitation Dollar Loans 3½% at 101 -	$50,500.00	
		To Brokerage at ¼% -	126.25	
		To Stamp duty on contract note -	50.50	
		By Balance due to us -		$50,676.75
			$50,676.75	$50,676.75

To Deliver to you:- $50,000 H.K.Govt. Reh.Dollar Loans 3½%.

POTTS, PEARCE & COMPANY

Per ______ Partner.

& O. E.

CONTRACT NOTE SEP 16 1949

Paid cheque H.&S. Bk. 15/9/49

ZOROASTRIAN CHARITY FUNDS OF HONGKONG, CANTON & MACAO.
HON. SECRETARY & TRUSTEE

RECEIVED PAYMENT cheque WITH THANKS
for POTTS, PEARCE & COMPANY
DATE: 17 SEP 1949

圖 3.4

18 日通過，成為香港法例第 76 章。款項中最多是用於重建樓宇約 3,500 萬元，而賠償和公共基建開支則約為 3,000 萬元，教育佔 700 萬元，醫療佔 170 萬元等等。圖 3.4 是復興債券於 1949 年的售價，已升了 1%。發債只可應付一時之需，政府始終要考慮長期穩定收入，調整稅收政策成為其中一個可能性。

戰後的稅收政策

早在 1939 年，時任財政司金錫儀（Sydney Caine, 1902-1991）擔任稅務委員會（Taxation Committee）的主席，提出推動落實徵收所得稅（general income tax）的徵稅措施。[1] 1939 年 10 月的一次定例局會議上，金錫儀提出香港需要通過開徵所得稅，以支援英國在戰爭中擊敗德國。[2] 戰爭結束之後，政府需要籌集大量資金推動各方面的重建工作。但是，如何擴大資金的來源是個大問題。1946 年 7 月，財政司霍勞士曾指出，政府當時的預估支出大約為 1.6 億，但收入只有大約 5,000 萬。其中大約一半的支出是戰後維修工程的第一期資金。霍勞士強調政府需要盡快採取措施，開源節流，改善政府的財政狀況。為了應對以上情況，霍勞士接着提出以徵收全面的入息稅（normal form of income tax）取代《戰時稅務條例》（*War Revenue Ordinance*）徵收的稅項，[3] 引起了長達數十年的討論。港督更強調，支出中有 9,000 萬是經常性開支（recurrent expenditure）。[4] 立法會議員之後都有就入息稅的議題提出一些看法。1946 年 9 月，廖亞孖打（Leo D'Almada E Castro, 1904-1996）在立法會會議上指出，如果在香港制定入息稅，逃避徵稅的人總會比納稅的多。他建議政府考慮向酒類、煙草徵稅，提高汽油稅、博彩稅等等，而非選擇開設入息稅。由於入息稅或會造成不少逃稅問題，政府與其開設入息稅，倒不如選擇開設這些稅項。羅文錦則準確地指出，討論的焦點不是入息稅的性質，而是徵稅的形式。按當時的情況來說，按

1 CO129/594/5, p.17.
2 Hong Kong Legislative Council, *Hong Kong Hansard*, 12 October 1939, p.134.
3 Hong Kong Legislative Council, *Hong Kong Hansard*, 25 July 1946, pp.76-77.
4 *South China Morning Post & the Hongkong Telegraph*, 6 September 1946; Hong Kong Legislative Council, *Hong Kong Hansard*, 5 September 1946.

照戰時稅務條例方式徵稅的支持者比支持實施全面入息稅的為多。在會議上，港督楊慕琦認同在各項有關政府收入的議題之中，是否實施全面入息稅是最重要的議題。楊慕琦指出，政府有責任重新評估戰時稅務條例的稅收安排，他透露政府正在成立一個稅務委員會，邀請部分立法會非官守議員參與其中。稅務委員會會全面審視推動入息稅的困難和反對意見。[1]

為了應對這些爭議，楊慕琦在 1946 年 9 月 13 日委任了稅務委員會，負責檢視當時的稅制，就增加稅收提出建議。委員會成立的整體目標是盡可能令政府得以在 1947-1948 年達致收支平衡，讓政府有 4,500 萬的額外收入。委員會需要具體討論三個項目：第一，如何在短時間內為政府開闢新的收入來源；第二，如何以可行的程度提高稅率；第三，能在甚麼日子（如可行）推出入息稅（income tax），取代戰時稅務條例徵收的稅項。委員會由財政司擔任主席，委員有滙豐銀行大班摩士（Arthur Morse）、律師羅文錦、主教何明華（Rev R.O. Hall，1895-1975）、猶太商人嘉道理、印度商人律敦治（J.H. Ruttonjee，1903-1974）等等，足見其具備廣泛的代表性。委員會提出了不少增加政府收入的建議，包括徵收酒店和餐廳的 10% 餐飲稅、向所有公司收取 100 元牌照費、10% 的物業所得稅等等。而且，委員會也提議增加白酒、啤酒和煙草的關稅，但政府需要先獲得貿易商的同意。海事處（Harbour Department）也可以增加部分航運項目的收費。關於入息稅的問題，委員會認為增設入息稅能在理論上更平均分擔政府的財政負擔。但是，委員會強調設立入息稅需要非常長的時間，不可能在 1947 年馬上落實相關工作。因此，委員會雖然認同有必要修改戰時稅務條例，但是政府應逐步開

1 Hong Kong Legislative Council, *Hong Kong Hansard*, 5 September 1946, pp.109-110, 116-129.

展相關工作。同時，政府要以盡可能簡單的方式制定稅務條例，維持一個財政年度在 3 月 31 日完結的做法。[1] 事實上，所得稅的確是社會財富再分配的一個機制，讓富有人士交稅給政府，再由政府提供社會福利服務給貧窮的人。

按照這些建議來看，制定入息稅不會是一時三刻的事情，相關議題將會持續影響一段時間。楊慕琦派稅務委員會的秘書普德尼（Eric W. Pudney）到倫敦加快完善稅務政策的工作，預計在 12 月 12 日到達倫敦。普德尼是楊慕琦心目中日後管理入息稅或稅務部門的官員，由他負責到倫敦交涉相關事務也是合理的。[2] 1947 年 1 月，普德尼草擬了一份入息稅條例的《草案初稿》（*Draft Income Tax Ordinance*），並指出他在制定初稿的時候已經盡可能把全面入息稅的特點融入其中，但又不會與 1941 年的戰時稅務條例相距太遠。普德尼的任務是制定一些過渡的安排，為日後實施全面入息稅、撤銷戰時稅務條例做好準備。面對既不能完全背離戰前稅務條例、又不能不作實施全面入息稅的準備工作，普德尼提出，納稅人可以選擇以個人入息課（較接近全面入息稅的方式），或者一如戰時稅務條例的方式，分開計算各項收入納稅。

當然，普德尼以因勢利導、提供更大的稅務優惠的方式，讓市民傾向選擇以個人入息課的方式報稅。全面入息稅和戰前稅務條例的徵稅方式有明顯的區別，前者是以個人為報稅基礎，後者是以收入來源作為報稅基礎。為了在兩者之中取得平衡，普德尼提出以個人入息課（personal assessment）的方式，即較為接近全面入息稅的方式報稅。普德尼的本意是為了逐步推動全面入息稅，但他提出的報稅方針大致上沿用至今。個人入息課稅是指以市民在香港的所有

1 CO129/595/3, pp.106-111.

2 CO129/595/3, p.106,114.

收入作為報稅基礎，並不會按照收入的類型劃分。納稅人應繳的稅款就是將所有收入乘以指定的稅率。雖然普德尼的方案較為接近全面入息稅的徵稅方式，但是個人入息課稅與廣義的全面入息稅依然有分別。

儘管政府需要在過渡期暫時保留戰前稅務條例的徵稅項，普德尼也微調了戰前稅務條例的徵稅方式。如前文提到，戰前稅務條例是將收入按不同類別劃分，然後按不同標準算稅項。普德尼在初稿提出按標準稅率（standard rate）計算利息稅（interest tax）、物業稅（property tax）、公司稅（corporation profits tax）和利得稅（business profits tax）。簡單來說，按標準稅率即以不變、固定的比率徵收相關稅項的做法令到個別稅項的稅率變得更為劃一。無論納稅人的收入有多少，都需要按照固定的稅率報稅，並不會有任何調整稅率、獲得稅務寬免等等。[1]

正如前文所述，社會上一直對以新的方式徵收入息稅存有爭議。1947 年 3 月，有報導反映出社會上一些反對以新方式徵收入息稅的意見。反對的理由眾多，其中一個原因是這個稅項或只會影響到收入較高的市民，又或者擔心出現逃稅的情況。另一個原因是大部分華商都是以合夥或家族形式經營生意，這些企業可以通過設置兩本賬簿，一本用作應付稅局，一本用作保存真正的商業紀錄，來規避繳稅的責任。1949 年任輔政司的力高（John Fearns Nicoll, 1899-1981）就指出，華人大多擁有三部賬簿，一是向合夥交待，二是向家族交待，三是自己的賬簿。[2] 而且，部分基層市民的收入是無法考證和評估應付稅項的，例如擔任小販的市民。但這些市民可能賺取了非常豐厚的利潤。因此，有評論質疑這些市民日後既無需繳

1 CO129/595/3, pp.28-103.

2 CO129/629/8, p.101.

交稅項，又可以享用公共服務。[1] 同年 3 月底，立法會議員周竣年指出，入息稅只可以是增加政府收入的最後一步，因為以其他方式增加政府收入更能獲得社會上不同群體的支持。[2] 另一位立法會議員周錫年指出，戰時稅務條例只是因應戰爭需要而實施，戰爭結束後就不應再繼續實施。市民在戰事結束後希望能過上和平的生活，也希望政府開展重建工作。政府應該採取其他較低成本、市民大眾較低機會逃稅的稅項，例如商業登記稅、進口稅、銷售稅、增加印花稅等方式增加收入，而非通過實施入息稅增加收入。[3]

除了上述立法會議員提到的觀點，華人商業群體普遍對於實施全面入息稅方式有一定保留。1947 年 3 月，香港和九龍兩個華商總會（Hong Kong and Kowloon Chinese Chamber of Commerce）聯同其他華人協會成立「港九各界聯合反對直接稅委員會」（Hong Kong and Kowloon Chinese Anti-Direct Tax Introduction Committee），反對政府實施全面直接徵稅。[4] 此外，南北行也成立了「請香港政府對徵新稅收回成命小組委員會」，提出反對。[5] 3 月 29 日，有報導指出，這個委員會已經準備好一份請願書。請願書的內容主要包括提出全面直接徵收入息稅是不可行的做法。就算在戰前，全面直接徵收入息稅也被視為不可行的做法。委員會認為，香港在戰事結束後需要更多機會休息和療養，因為戰後市民的生產力比起戰前更低，而直接徵收入息稅會給市民造成更大的負擔。再者，新的稅務條例規定所有個人或商戶保存一套完整的會計記錄，以便稅務局通過記錄評估應繳稅項。但是，小商戶普遍以不太有系統的方式保存

---

1 *South China Morning Post*, 8 March 1947.
2 Hong Kong Legislative Council, *Hong Kong Hansard*, 27 March 1947, p.71.
3 Hong Kong Legislative Council, *Hong Kong Hansard*, 27 March 1947, p.83.
4 《工商日報》，1947 年 3 月 18 日。
5 《工商日報》，1947 年 3 月 19 日。

商業記錄，部分甚至沒有保存商業記錄的概念。據委員會的說法，不少小商家或許到年底也不清楚自己的盈虧情況。與此同時，部分華人都會和農民做生意，這些生意買賣並不會有任何賬單記錄用作報稅。假如沿用此做法，這些華人不熟悉西方會計制度，因而有很大機會會觸犯稅務條例。若聘請熟悉西方會計制度的人員做賬，則將使成本大增，政府也未必能收到預算的稅收。委員會又從中國傳統文化的角度提出論點，指出實施新的《稅務條例》與中國傳統文化的價值觀並不一致。《稅務條例》仍未實施的時候，有一條條款是妻子可以有一定的免稅額。委員會則指出這個做法會損害中國傳統文化的價值觀，例如以父母為先，妻子、子女其後的傳統家庭價值觀。但是，新的《稅務條例》將只會給妻子和 4 名子女免稅額。因此，委員會認為這樣做無疑會造成一種不良觀感，讓人誤以為其他家庭成員就不值得納入免稅額之中。[1] 羅文錦在立法會會議中也提到，香港中華總商會（Chinese General Chamber of Commerce）、香港中華廠商聯合會（Chinese Manufacturers Union）、港九飲食業商會（Hong Kong and Kowloon Chinese Restaurant and Eating House Merchants' Association）、番禺商會（Pun Yew District Association）、寶益商會（Po Yick Merchants' Association）、「港九各界聯合反對直接稅委員會」等 100 個華人商業團體，曾經向政府遞交請願書，表示不支持實施新的稅務條例。[2]

1947 年 3 月，財政司霍勞士在立法會會議指出，《稅務條例》（*Inland Revenue [Earnings and Profits] Ordinance*）的標準稅率（standard rate）仍然未定好，但預計實施新的稅務條例能帶來額

1 *South China Morning Post*, 21 March 1947, 29 March 1947.

2 Hong Kong Legislative Council, *Hong Kong Hansard*, 1 May 1947, p.135.

外 1,600 萬的收入。[1] 1947 年 4 月，霍勞士將稅務條例草案（*Inland Revenue Bill*）送到立法會作首讀，標準稅率定為 10%。原來，稅務委員會的報告推出後，政府再成立由摩士擔任主席的委員會，對相關議題作進一步考察。以摩士為主席的委員會在稅務委員會的報告基礎上提出一些建議，並獲納入稅務條例草案之中。稅務委員會原本建議向香港產生和收取的收入徵稅，但以摩士為主席的委員會提議，改為只是向源自香港的收入徵稅。由於不少企業在香港設立總部，企業在其他地方賺取的利潤可能會面對雙重徵稅的情況，俗稱「全球徵稅」（World Wide Tax），這樣會損害香港作為金融和商業中心的地位。這原則時至今天也在沿用。摩士委員會也提議，將年金納入薪俸稅（Salaries Tax）的計算之中，否則人們會利用提取大額年金的方式逃稅。不過，由於時間不足，政府還未把部分稅務豁免的細節放入草案，例如殘疾人士撫恤金等等不會納入稅務計算之中。霍勞士也舉例指出，假設一位納稅人的收入只是由工資組成，他繳納的稅款可能更高。因為薪俸稅的報稅率是依照等級遞進，可達至標準費率的兩倍。但如果一位納稅人的收入包括工資和企業利潤，他的應繳稅款可能相對較低。因此，委員會建議加入一項條款，就是薪俸和年金稅的報稅金額不會超過依照標準稅率應納的金額，以扣除任何稅務豁免之前的金額計算。委員會也考慮到市民的生活成本非常高，因而制定了個人稅務寬免（personal allowances）的條款，將每人的寬免提高到 7,000 元，妻子的稅務寬免則為 5,000 元。委員會也對兒童給予稅務寬免。財政司強調政府不會強迫企業使用歐式會計方法。稅務局（Department of Inland Revenue）有能力處理和評估中式的會計賬簿，無意以任何方式向使用中式會計方

1 Hong Kong Legislative Council, *Hong Kong Hansard*, 13 March 1947, p.50.

法的企業施加壓力。

為回應社會上的批評聲音，霍勞士又舉例說明稅務條例草案下，不同納稅人需要繳納的稅款各有分別，藉此說明稅務條例草案並不會給不同人士帶來沉重的負擔。按照稅務條例草案的報稅要求，收入低於 7,000 元的單身男子無需繳稅；收入超過 12,000 元、沒有孩子的已婚男子才需要繳稅。如單身男子收入超過 10,000 元，他需要繳納 75 元稅款。如果他的收入為 16,000 元，他將支付 325 元稅款。沒有子女、年收入 20,000 元的已婚男子就需支付 275 元。如果他有兩個孩子，他只需要支付 100 元稅款；如果他有 4 個孩子，他只需要支付 50 元。年收入 30,000 元的單身男性需要支付 1,625 元稅款，同等收入但沒有孩子的已婚男子則需要支付 1,050 元稅款。在同一情況下，如該男子有兩個孩子，他就需要繳付 675 元稅款；如有 4 個孩子，應付稅款就是 525 元。[1] 由於政策為有孩子的家庭提供一定的免稅額，有越多孩子的家庭就享有越高的免稅額。加上，納稅人及其妻子本身就有免稅額。根據霍勞士的說法，《稅務條例》草案不會如批評者所講，對納稅人造成沉重的負擔。簡單來說，收入每月超過 1,000 元已婚但沒有孩子的男子才需要繳稅，以當時社會福利處處長（Social Welfare Officer）為例，他每月薪金是 720 元至 1,900 元，他的副手（Assistant Social Welfare Officer）每月薪金是 800 元至 960 元。[2] 處長初入職仍未墮入稅網，他的副手升盡仍無需交稅。所以，一般人是無需交稅的。

1947 年 4 月 24 日，立法會首讀通過稅務條例草案。但是，這並不意味着推動全面入息稅的政策面對較少的反對聲音。楊慕琦在 1947 年 5 月 16 日寄給英國上級官員的電報中回顧了《稅務條例》

1 Hong Kong Legislative Council, *Hong Kong Hansard*, 24 April 1947, pp.119-124.

2 HK Public Record Office, HKRS41-1-4457, folio 24, Part IV Staff.

的立法工作。他提到，政府在二讀前已經準備在會議上採用官方多數（official majority）的方式，確保稅務條例草案獲得通過。因為當10% 的標準稅率和摩士委員會報告獲得採納之後，令更多人傾向不支持通過稅務條例。楊慕琦的說法，暗示當時有不少非官守議員會傾向反對這個議案。到 1947 年 5 月 1 日，立法會表決通過稅務條例草案，票數為 13 票支持和 3 票反對。唯一一位支持的華人議員是羅文錦，其他投支持票的人士包括渣甸洋行大班蘭杜（David Fortune Landale, 1905-1970）、總商會立法局代表格里斯佩（Ronald Dare Gillespie, 1890-1981）、屈臣（Maurice Murray Watson, 1893-1973）、駐港三軍司令羅渣士（the Officer Commanding the Troops, F.H.C. Rogers）、輔政司麥道高、律政司格里芬（J.B. Griffin, 1903-1992）、華民政務司杜德（Ronald Ruskin Todd, 1902-1980）、財政司霍勞士、政府官員麥加里（Thomas Megarry, 1898-1985）、工務局長堅尼夫（V. Kenniff）、署理醫務局長牛頓（Dr. Issac Newton）、兼任立法會主席的港督楊慕琦；投反對票的議員為周竣年（1893-1971）、周錫年（1903-1985）和廖亞孖打。[1] 1947 年 9 月 18 日，稅務局長普德尼提到，政府會成立覆核委員會（Board of Review），處理納稅人有關評稅的覆核申請。納稅人有權就稅務條例要求徵收的四項稅項提出覆核申請。1947 年 10 月 17 日，政府刊憲公佈覆核委員會的成員名單，成員都是對法律、稅制或商業有認識的社會人士，包括羅文惠（M.W. Lo, 1895-1985）、利銘澤（Richard Charles Lee, 1905-1983）、嘉道理、律敦治、余達之（1894-1969）等等。[2] 自此之後，1947 年的稅務條例成為了稅制的基礎。政府依然嘗試推動實施全面入息稅政

1 CO129/615/2, p.91-92, Hong Kong Legislative Council, *Hong Kong Hansard*, 1 May 1947, p.156.

2 *South China Morning Post*, 19 September 1947, 19 October 1947; *The Hong Kong Government Gazette*, 17 October 1947, no.806, p.997.

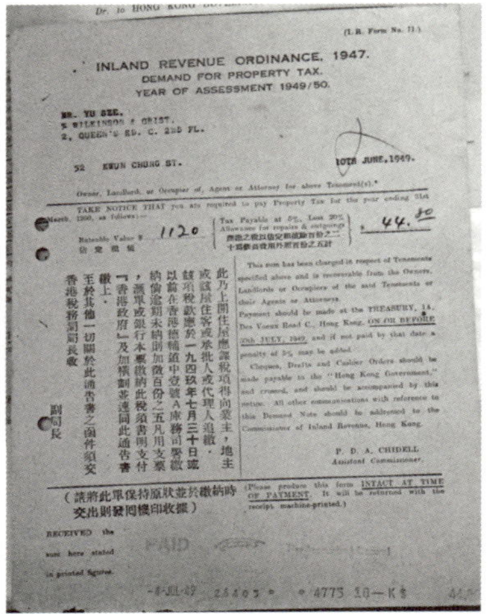

Dr. to HONG KONG ...

(I.R. Form No. 11.)

INLAND REVENUE ORDINANCE, 1947.
DEMAND FOR PROPERTY TAX.
YEAR OF ASSESSMENT 1949/50.

MR. YU SZE,
% WILKINSON & GRIST,
2, QUEEN'S RD. C. 2ND FL.

52 KWUN CHUNG ST. 10TH JUNE, 1949.

Owner, Landlord, or Occupier of, Agent or Attorney for above Tenement(s).*

TAKE NOTICE THAT you are required to pay Property Tax for the year ending 31st March, 1950, as follows:—

Rateable Value $ 1120 估定租值 | Tax Payable at 5%, Less 20% Allowance for repairs & outgoings 應徵之稅以估定租值數百份之二十扣除修葺費用外照百份之五計 | $ 44.80

此乃上開住屋應課稅項得向業主，地主或該屋住客或承批人或代理人追徵。該項稅款應於一九四玖年七月三十日或以前在香港德輔道中壹號A庫務司署繳納倘逾期未納則加徵百份之五凡用支票，滙單或銀行本票繳納此稅須書明支付「香港政府」及加橫劃並連同此通告書繳上。至於其他一切關於此通告書之函件須交香港稅務局局長收

副司長

This sum has been charged in respect of Tenements specified above and is recoverable from the Owners, Landlords or Occupiers of the said Tenements or their Agents or Attorneys.

Payment should be made at the TREASURY, 1A, Des Voeux Road C., Hong Kong, ON OR BEFORE 30th JULY, 1949, and if not paid by that date a penalty of 5% may be added.

Cheques, Drafts and Cashier Orders should be made payable to the "Hong Kong Government," and crossed, and should be accompanied by this notice. All other communications with reference to this Demand Note should be addressed to the Commissioner of Inland Revenue, Hong Kong.

P. D. A. CHIDELL
Assistant Commissioner.

（請將此單保持原狀並於繳納時交出則發閱機印收據）

(Please produce this form INTACT AT TIME OF PAYMENT. It will be returned with the receipt machine-printed.)

RECEIVED the sum here stated in printed figures.

PAID

-8-JUL-49 25403 * 4775 10—K$

圖 3.5

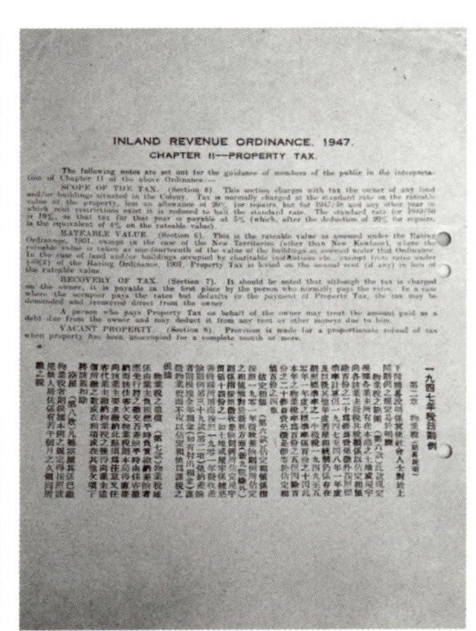

INLAND REVENUE ORDINANCE, 1947.
CHAPTER II—PROPERTY TAX.

The following notes are set out for the guidance of members of the public in the interpretation of Chapter II of the above Ordinance:—

SCOPE OF THE TAX. (Section 6). This section charges with tax the owner of any land and/or buildings situated in the Colony. Tax is normally charged at the standard rate on the rateable value of the property, less an allowance of 20% for repairs, but for 1947/48 and any other year in which rent restrictions exist it is reduced to half the standard rate. The standard rate for 1949/50 is 10%, so that tax for that year is payable at 5% (which, after the deduction of 20% for repairs, is the equivalent of 4% on the rateable value).

RATEABLE VALUE. (Section 6). This is the rateable value as assessed under the Rating Ordinance, 1901, except in the case of the New Territories (other than New Kowloon), where the rateable value is taken as one-fourteenth of the value of the buildings as assessed under that Ordinance. In the case of land and/or buildings occupied by charitable institutions etc., exempt from rates under [illegible] of the Rating Ordinance, 1901, Property Tax is levied on the annual rent (if any) in lieu of the rateable value.

RECOVERY OF TAX. (Section 7). It should be noted that although the tax is charged on the owner, it is payable in the first place by the person who normally pays the rates. In a case where the occupier pays the rates but defaults in the payment of Property Tax, the tax may be demanded and recovered direct from the owner.

A person who pays Property Tax on behalf of the owner may treat the amount paid as a debt due from the owner and may deduct it from any rent or other moneys due to him.

VACANT PROPERTY. (Section 8). Provision is made for a proportionate refund of tax when property has been unoccupied for a complete month or more.

一九四七年稅務條例
第二章 物業稅

圖 3.6

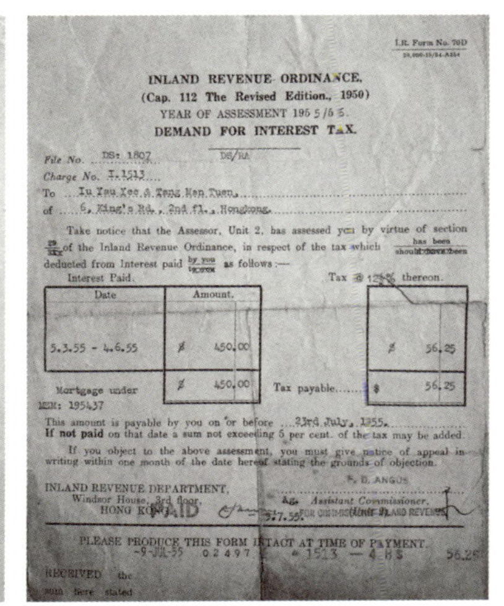

I.R. Form No. 70D

INLAND REVENUE ORDINANCE.
(Cap. 112 The Revised Edition., 1950)
YEAR OF ASSESSMENT 1955/56.
DEMAND FOR INTEREST TAX.

File No. DS: 1807 DS/RA
Charge No. I.1513
To Iu Yau Yee & Tang Man Tuen,
of 6, King's Rd., 2nd fl., Hongkong.

Take notice that the Assessor, Unit 2, has assessed you by virtue of section 29 of the Inland Revenue Ordinance, in respect of the tax which has been deducted from Interest paid by you as follows:—

Interest Paid. Date	Amount.	Tax @ 12½% thereon.
5.3.55 - 4.6.55	$ 450.00	$ 56.25
Mortgage under MEM: 195437	$ 450.00	Tax payable...... $ 56.25

This amount is payable by you on or before 23rd July, 1955.
If not paid on that date a sum not exceeding 5 per cent. of the tax may be added.

If you object to the above assessment, you must give notice of appeal in writing within one month of the date hereof stating the grounds of objection.

INLAND REVENUE DEPARTMENT,
Windsor House, 3rd floor,
HONG KONG.

PAID

R. D. ANGUS
Ag. Assistant Commissioner,
(Unit 2)

PLEASE PRODUCE THIS FORM INTACT AT TIME OF PAYMENT.

-9-JUL-55 02497 * 1513 — 4 HK$ 56.25

RECEIVED the sum here stated

圖 3.7

策，並在往後數十年開設了不同的委員會，評估和研究相關事項。不過，香港的稅務條例沒有經歷很大的轉變，1947 年的稅務條例成為了今天稅制的基礎和範式。圖 3.5 和圖 3.6 是 1949 年的物業稅單和背後的稅務簡略說明。圖 3.7 是 1955 年的利息稅單。

稅務條例實施後，稅務局展開各方面的跟進工作。雖然政府不曾在這條法例之上實施更多新法例，但政府已經準備進一步修改稅務法例。由於稅務局當時缺乏足夠的職員負責評稅（Assessment），導致常有大量個案滯壓，不及處理。在 1947-1948 和 1948-1949 稅務年份，政府還未評估的稅款大約有 300 萬，佔收取的 6,000 萬稅款的 5 個百分點。政府承諾會在 1951 年 3 月 31 日前處理好 1947-1948 年未處理的稅款。以 1947-1948 稅務年度為例，政府評核了大約 2 億 8 千萬的利得稅稅款、33 萬入息稅稅款和 67,000 元利息稅。根據稅務局 1950 年的報告，稅務局的淨收入為 4,180 萬左右，當中利得稅佔

的比例最大。稅務局在 1949-1950 年度處理了 7,263 宗以中文報稅的個案，比起上一年的 7,741 宗略少。稅務局需要將以中文報稅的文件翻譯成英文，並在當年翻譯 8,167 宗相關報稅個案，比起上一年的大約多 7,000 宗，但仍然有 3,090 宗有待翻譯。

納稅人也日漸傾向以個人入息課稅的方式報稅。前文提到，個人入息課稅是戰後增設的納稅方式，這項政策一度引起相當大的爭議，尤其是招致商界的批評。不過，從選用這項報稅方式的數目可見，個人入息課稅的方式似乎獲得一定支持，也許是因為所繳納的稅款相對較少。1947-1948 的稅務年度期間，稅務局處理了 218 宗以個人入息課稅方式的報稅個案，其中 128 個個案獲得退回在其他部分（chapters）繳納的稅款，餘下 90 個總共有大約 63,000 元的代繳稅款。在 1948-1949 的稅務年度，稅務局處理了 353 宗以個人入息課稅方式的報稅個案，其中 168 個個案獲得退回在其他部分繳納的稅款，餘下 187 個總共有大約 15 萬元的代繳稅款。在 1949-1950 的稅務年度，總共有 218 宗是以個人入息課稅方式處理，其中 79 個個案獲得退回在其他部分繳納的稅款，餘下 139 個總共有大約 17 萬元的代繳稅款。截至 1949-1950 稅務年度完結為止，稅務局開了 2,150 個以個人入息課稅方式報稅的檔案，比起上一年增加 621 個。這數字還未包括一些等待審批的商業利得稅（Business Profits Tax）個案。而稅務局處理了超過 780 個個人入息課稅個案，其中 375 個獲得退稅。可見，納稅人越來越傾向採用個人入息課稅的方式報稅。商界曾經對這項徵稅方式存在很大的擔憂，但從稅務局持續上升的個人入息課稅個案來看，商界早前的疑慮和擔憂並沒有充分的證據支持。[1]

1 Hong Kong Annual Report by the Commissioner of Inland Revenue for the year ended the 31st March 1950, in HKRS115-1-38, folio 11.

稅務檢討委員會

政府在戰後制定了新的稅務條例之後，依然有通過成立一系列稅務檢討委員會，檢討如何能實施全面入息稅。如前文所講，個人入息課稅原本只是過渡措施，為日後實施全面入息稅做好準備。因此，政府曾開設不同的稅務檢討委員會，考慮與稅制相關的事宜。1952 年 9 月 20 日，港督葛量洪成立了稅務條例委員會，考慮香港總商會（Hong Kong General Chamber of Commerce）和稅務局局長（Commissioner of Inland Revenue）提出的稅務制度改善建議，並在這些討論基礎之上提出進一步的建議。委員會在 1952 年 10 月 2 日召開了第一次會議，總共開了接近 30 次會議。委員會的主席為財政司歧樂嘉（Arthur Grenfell Clarke，1906-1993），成員包括稅務局局長屈臣（W.F. Watson）、高級政府律師喜蘭（Maurice Heenan）、羅兵咸會計師樓（Lowe Bingham & Matthews）的駱大偉（David S. Robb）、滙豐銀行的史尼（Charles D. Slade）和黃陳會計師樓的黃秉章會計師（Peter C. Wong）。

香港總商會一直關注稅務制度的發展，曾提出不少改善稅務制度的建議。例如就應否將公司開業前的籌備費用、公司合夥人的出行費用、商標註冊和設計費用納入應繳稅項，應否將物業貶值納入繳稅考慮因素，處理應繳物業稅多過利得稅的情況等等。香港總商會就不同議題提出了具體建議。例如，稅務條例提到納稅人要在評稅年度下一年的最後一天內遞交報稅申請，總商會提議政府給予納稅人多一年的時間，讓納稅人有更充裕的時間處理報稅事宜。總商會也提出為家庭成員提供醫療支出免稅額，家庭中每個成人每年可以獲得 600 元免稅額，每名子女則每年可獲 300 元免稅額。總商會又要求政府澄清稅務條例中模糊之處。稅務條例中有一部分是關於船主、機主和船隻或飛機承租人的利得稅徵收部分。總商會認為政府需要澄清這部分是不是只是適用於非常駐公司（non-resident companies），即總部不在香港的公司，而總商會則認為這部分的徵稅條款應只適用於這些總部不在香港的公司。可見，總商會就稅務制度提出了不少建議，部分由總商會提出的建議也是這個委員會的討論事項之一。

從委員會的報告可見，委員會主要討論的事項包括擁有運營船隻和飛機以及保險業的徵稅計劃。除了考慮這些徵稅計劃，委員會也就一些瑣碎的事宜提出修訂，例如條例中的錯字，以更簡單的語句制定條例內容等等。委員會強調，如果稅率被提高，他們所作出的建議會變得很不一樣，這或許暗示委員會並不建議提高稅率。同時，委員會提出的建議也和稅務條例的原則沒有衝突之處，亦未有考慮到這些建議對政府稅收造成的影響。以上的論述證明，這個委員會理應未曾大幅修改先前制定的稅務條例。委員會在 1952 年 10 月 2 日舉行第一次會議。在會議上，委員清楚指出，委員會是負責修改現有的稅務條例，而非制定新的稅務條例。委員會提出建議的時候，會針對現有稅務條例特定部分來說明。1954 年 8 月 11 日，委員會的秘書摩利士（C.W. Morris）把報告的初稿提交給財政司。經過一輪討論之後，在 1954 年 10 月 21 日，委員在會議上通過要求政府盡快出版委員會的報告。這意味着委員會已經完成第一次稅務檢討的工作。

委員會提出的建議涉及不同層面，基本上回應了各方面提出的意見。舉個例子，就是否可以用一半的標準稅率徵收物業稅的問題，委員會認為政府應按照標準稅率徵收。而且，條例原本列明繳交差餉的人士需要負責繳交物業稅。但是，有些需要繳交物業稅的人士是無需繳交差餉的，因為該物業或許是在免差餉的範圍之內。

這意味着根據當時的稅務法例，部分人沒有法定責任繳交物業稅。因此，委員會建議物業業主需要為免差餉物業繳交物業稅，這就填補了先前條例的漏洞，有助增加政府的收稅來源。委員會提出為工廠大廈的業主提供 2% 的折舊率稅務豁免，任何給非居民的退休金不計算在薪俸稅報稅之內，容許納稅人在評稅年度完結後的三年內選擇以個人入息課稅方式報稅等建議。委員會提出的稅務制度改善建議眾多，未能盡錄。但所提出的建議基本上沒有偏離稅務條例的框架，只是在執行細節上作出補充或修改。[1]

其後，財政司郭柏偉（John James Cowperthwaite, 1915-2006）在財政預算報告期間，提到政府即將會成立委員會，討論由商業或專業團體提出有關稅務制度的建議。委員會將會就稅務條例之中有爭議的議題提出建議。郭柏偉在立法會會議上提到，隨着稅率的上升，目前的稅制變得越來越不公平，但立法會議員並不會支持一個全面入息稅的方案。與此同時，為了保障經濟發展，政府希望盡量保持較低的標準稅率。郭柏偉初步提議分開徵收股息和利潤的稅收。這既能保持原有稅務制度的特點，也能以個人入息課稅的方式保障靠投資賺取收入的小型投資者（small rentier）。[2] 港督戴麟趾（David Clive Crosbie Trench, 1915-1988）在 1966 年 4 月 7 日委任第二次的稅務檢討委員會，成員包括財政司郭柏偉，委員簡斯（J.W. Cairns）、稅務局長德夫利（A.D. Duffy）、夏德（J.B. Hart）、馬炎璋會計師樓的馬芬（Charles Marfan）、政府大律師史禮陶（G.C. Grimmet）、胡柏全律師（P.C. Woo, 1910-2008）和身兼秘書的委員

---

1 HKRS163-9-110, folio 2, 6, 27, 36; *Report of the Inland Revenue Ordinance Committee (1954 December)*, pp.1-4, 66-91. Hong Kong General Chamber of Commerce, Memorandum, Inland Revenue Ordinance, in HKRS163-1-1623, 1.

2 Hong Kong Legislative Council, *Hong Kong Hansard*, 24 February 1966, p.79-80. *South China Morning Post*, 15 April 1966.

譚馬士（E.S. Thomas）。不少團體或企業獲得邀請提出有關稅制的建議，包括中華總商會、香港總商會、香港政府華員會、香港律師公會、香港華人會計師公會、香港審定會計師公會、香港政府歐籍公務員協會、貿易發展局等等。同時，有不少企業或組織向委員會提出有關船務及航空公司方面的稅務的建議，包括香港總商會、國泰航空公司、銀行輪船公司、怡和洋行航空部、香港船東聯合會、澳洲航空公司等等。[1] 委員會提出了不同方面的建議，包括訂立與政府財政年度一致的徵稅年度、以徵稅年度的收入用作評核應繳稅款，應繳薪俸稅以從事職業時提供服務的地方所得的入息作為根據等等。委員會也提議，政府需要維持徵收利得稅的基本範圍和形式。如果任何人在離開香港期間，提供屬於附帶於香港所從事的職務或職業的服務，以賺取入息，這些服務也會被視為在香港提供的服務。[2] 總的來說，第二次檢討委員會也並非以推動直接徵稅為目標，戰後定下的基礎稅制依然為政府所沿用。

第三次的稅務條例檢討委員會在 1970 年代設立。1976 年 2 月 25 日，財政司夏鼎基（Charles Philip Haddon-Cave, 1925-1999）在立法會會議上提到設立第三個稅務條例檢討委員會的原因。夏鼎基認為，之前在 1954 年和 1966 年任命的兩個檢討委員會沒有考慮稅務制度的基本結構，只是考慮了一些行政或技術上的問題，例如缺乏考慮分開徵稅制度（separate schedular taxes）的存在意義，實施稅務累進制（progression in the rates）的可能性等等。委員會無需考慮行政事務、具體的徵稅稅額和免稅額事宜。[3] 這樣看來，第三次稅務條例檢討委員會似乎是邁向實施直接徵稅的重要一步，因為

1 稅務條例檢討委員會（卷上）報告書（香港：香港政府印務局，1967 年）。
2 稅務條例檢討委員會（卷下）報告書（香港：香港政府印務局，1968 年）。
3 Hong Kong Legislative Council, *Hong Kong Hansard*, 25 February 1976, p.568.

夏鼎基指委員會會考慮分開徵稅的存在意義，或許暗示政府有意推動全面入息稅。委員會的主席為曾任英國稅務局長的莊士敦（J.A. Johnstone, 1874-1938），成員包括恆生銀行的利國偉（Q.W. Lee, 1918-2013）、人稱香港工業總會之母原劉素珊女士（Susan Yuen）、香港大學的饒餘慶（Y.C. Jao）、米拿（K.A. Miller），秘書是前香港稅務局長德夫利，華人佔一半，並首次有華人女士被委任。委員會需要在 1976 年 12 月 15 日前向港督提交建議。正如前兩個委員會一樣，第三個委員會提出了不同方面的建議，包括基於總收入的評稅方式應變為必要措施，使用綜合報稅表（composite return form），不應推動實行股息預扣稅（dividend withholding tax）計劃，向推廣學術的團體繳交的會費應豁免在薪俸稅的計算之中，送禮物給慈善團體應被視為認可的慈善捐贈（Approved Charitable Donation）等等。[1] 不過，到了 1978 年 3 月 1 日，夏鼎基在立法會會議上反而對現行的稅務制度表示肯定的態度，推動直接徵收入息稅，似乎並沒有考慮到委員會的個別建議，例如以總收入作為必要的評稅方式，即類似全面入息稅的稅務評核方式。他曾舉例提到，香港的利得稅收益從 1951-52 年的 5,200 萬元增加到 1971-72 年的 9.29 億元，並會增長到明年估計的 39.9 億元。在過去的 6 年期間，政府的收益從 9.29 億元增加到 33.75 億元，增長比率為 2.63 倍，遠高於同期香港經濟增長的比率。這說明了全靠有效的稅收制度，政府才能夠從經濟增長之中獲得更多的收入。稅務局積極增加人手調查逃稅，也是其中一個令到稅收增加的原因。夏鼎基更在演講中提到，非直接徵收的稅項和費用（indirect taxes and fees and charges）對政府收入的重要

1 *Report of the Third Inland Revenue Ordinance Review Committee*, pp.i-vi, 1-160.

性不能被低估。[1] 從夏鼎基的說法可以推測，也許是因為稅務制度行之有效、能為政府提供穩定而充足的財政收入，政府才沒有繼續堅持推動全面直接徵稅計劃。

小結

總括來說，香港政府在戰事結束後制定的金融和財政政策產生了持續的影響力。儘管政府需要大量資金推動重建工作，卻面對着不能大幅增加稅項和稅率的局限，但通過同時運用分開徵稅和直接徵稅的方式，政府的稅務收益不但沒有倒退，還形成了持續增加的趨勢，支撐着香港戰後的經濟發展。與此同時，制定的稅務制度可謂在增加政府收入的前提之上，讓一般市民無需擔負太重的稅賦。從戰後的實際情況來看，戰後制定的稅務措施原本只是走向全面徵收入息稅制度的銜接措施。不過，由於這套徵稅方式，包括個人入息課稅、提供免稅額等方式，發揮超出預期的正面作用，以致當年稅務條例的徵稅方式和概念影響至今。

稅務局除定下了一個穩定簡單的稅務機制，吸引世界各國商人紛紛到港投資，直接創造了香港的經濟繁榮外，其間接亦創造了本地一新工種，即西式會計的專業及其輔助人才。坊間亦作出相對反應，一些專業會計人才可協助公司在合法情況下爭取交最少的稅項。戰後香港有一俗語稱「發三師」，意思是做會計師、律師和工程師都會發達。但在入息稅方面，政府只允許妻兒才可享有免稅額，父母卻不能享受這免稅額，對華人來說不供養父母是極不孝的行為，某種程度上令華人社會的家庭觀念減弱，轉變為以個人為單

1　Hong Kong Legislative Council, *Hong Kong Hansard*, 1 March 1978, pp.538-542.

位。這個修正要到 1970 年才露曙光，政府增加了供養父母免稅額，但有條件限制如父母的收入等。由於行政費用龐大，這項政策曾在 1973 年取消，到 1978 年又恢復。[1]

1　立法會：庫務局局長就「供養父母免稅額」動議辯論致辭全文，2000 年 11 月 29 日。

04

戰後的社會福利政策與實踐

隨着戰後重建工作逐步開展，政府和不同社會機構都開始提供更多的社會福利服務。1947 年 8 月 27 日，政府成立了社會福利局，工作範圍涵蓋兒童福利、青年人福利、緊急援助福利、視障人士福利、房屋、文娛等等。社會福利服務的發展模式以官民合作為主要形式，東華三院、街坊福利會，以及大量慈善或非牟利團體、各界熱心人士，都為社會福利事業作出重要貢獻。

社會福利政策涵蓋不同層面的政策，現在的公共屋邨、公營醫療服務、免費教育等等都是社會福利政策之一。太平洋戰爭結束後，政府便開始提供一系列社會服務。麥道軻（John Crichton McDouall）曾經回顧戰後的社會服務發展和當時面對的各項問題。戰爭使得不少建築物損毀、學校和醫院服務有待重建、造成全球糧食短缺、技術勞工不足、材料供應不足等問題。一如以往，東華三院為華人提供不少社會服務，包括派飯、醫療服務等等。政府部門如華民政務局（The Secretariat of Chinese Affairs）、醫療衛生局、教育司署、勞工署、裁判處（The Magistracies）和救濟處（The Relief Department）等皆關注社會福利事務。例如救濟處就曾經向市民派發以千計的麻袋，讓市民不用穿着破衣。[1] 這些措施可被視為戰後社會福利措施的開端。隨着戰後重建工作逐步開展，政府和不同社會機構都開始提供更多的社會福利服務。政府的社會福利政策和社區團體的努力是本章的討論焦點。

1 J.C. Mcdouall, Impressions of social services in Hong Kong August 1945 to May 1946, pp.511-516.

社會福利政策

戰前的社會福利全依賴慈善機構和非政府團體運作，政府只以財政或批地補貼支持。第一次世界大戰後，西方的宗教精神和女權興起一直影響着香港的社會福利措施，由保護兒童開始變成扶貧工作。港督羅富國企圖成立社會福利委員會（Social Welfare Commission），將這些慈善團體和非政府機構聯合起來，以免資源重疊，遺憾的是，在他離港前並未取得成果。[1] 在這背景下，戰後的社會福利事務發展就有一些基本特點。第一，社會福利事務依然是以官民合作的方式推動。相比戰前，政府在戰後的參與度比起戰前的為高，戰後新成立的社會福利局就是明證。同時，正如鍾士（John F. Jones）所講，政府在戰後初期鼓勵成立慈善團體，並鼓勵擴展已有慈善團體規模。[2] 因此，社會上的慈善或非政府組織依然為市民大眾提供多元化的社會服務。東華三院、保良局、街坊福利會等等就是其中一些典型例子。第二，戰後的社會福利政策涵蓋醫療、教育、房屋、兒童福利、青少年福利等不同範疇。政府在討論和制定社會福利政策期間，往往視這些政策為一個整體。因此，戰後新成立的社會福利局和不同部門都有緊密的合作。其與華民政務司署的關係其後衍生出一些討論：社會福利局是否維持作為華民政務司署的附設部門？

1945 年 1 月 31 日，英國官員史丹利（Oliver Stanley）在下議院（House of Commons）遞交了一份草案，內容是修改 1940 年的 *Colonial Development and Welfare Act*。詳情包括以下數個項目：將草

1 *South China Morning Post*, 3 September 1941.

2 John F. Jones, "Introduction: The Social Services at a Glance," in *The Common Welfare Hong Kong's Social Services*（Hong Kong: The Chinese University Press, 1981）, xii.

案的生效期延長到1956年3月31日，提升動用資金的上限到每年最多1,750萬英鎊等等。1945年的條例在1949和1950年再經過修改，內容大體上都是增加可以調動的資源。1946年3月至1957年3月31日期間，英國政府總共調動了1.7億英鎊到受其殖民管治的地方。其中大約一半的資金用作改善房屋、教育、衛生等社會福利事務；40%的資金則用來改善交通和提高土地生產力。[1] 這反映出戰後的英國政府開始提供資源發展更多社會福利事業，其原因無疑與戰後早期工黨成為英國執政黨，提倡社會福利的政策方針有關。

戰後，華民政務司重新開始負責社會福利事務，並在1946年開始重新啟動所有戰前的社會福利工作。顯達（Eleanor Hinder, 1893-1963）女士曾在1946年到香港進行調查，並就成立一個社會福利部門向政府提交報告。其後在1946年11月，司徒永覺（Dr. Selwyn-Clarke，1893-1976）醫生接手管理救濟處（the Relief Section），並邀請戰前的一些救濟難民工作者協助重組有關部門。[2] 1946年，政府獲英國撥款500萬成立基金，並成立一個安排如何運用這筆資金的委員會，實施各項社會福利政策。[3] 1946年7月，政府成立了一個發展委員會，草擬一份十年發展和福利計劃（Ten-Year Development and Welfare Plan）。委員會的職責包括向政府提出一些有關未來發展方向社會福利政策的計劃，籌劃如何調配財政資源。[4] 這筆資金影響到本書提到的社會福利事務、基建設施等不同範疇的發展，如何調配這筆資金成為政府的關注點。

---

1 E.R. Wicker, "Colonial Development and Welfare, 1929-1957: The Evolution of a Policy," in *Social and Economic Studies*, Vol.7, No.4（December 1958）, pp.183-191.

2 HKRS41-1-4457, folio 24.

3 《工商日報》，1946年10月9日。

4 Hong Kong Ten-year Development and Welfare Plan, *Far Eastern Economic Review*, 26 November 1947.

圖 4.1

1947 年，政府認為新的社會福利部門要由華民政務司署的專門附屬部門開始，而這個專門附屬部門的行政和財政管理細節要由社會福利局局長負責草擬。[1] 1947 年 10 月 31 日，社會福利局局長（Social Welfare Officer）麥道軻（圖 4.1）曾經就社會福利政策向「殖民地發展和福利委員會」（Colonial Development and Welfare Committee）的主席和成員提出一些看法。他指出雖然政府有必要制定一個社會福利計劃，但很難在不具備足夠的相關知識和數據的情況下制定社會福利政策規劃。他又指出，推動社會福利工作期間需要考慮是否有足夠的合資格專業人士、是否有足夠的設施等等。而前文提到的城市規劃專家亞拔高比的考察工作似乎不會把社會服務設施納入規劃之中。於是，麥道軻在城市福利規劃報告（Urban

1 HKRS41-1-4457, folio 24.

Welfare Planning Report）中提出一些建議，包括興建日間託兒所、工業學校、社區中心、游泳池、文娛中心、渡假中心等等。[1] 從麥道軻的報告可見，社會福利政策包括不同範疇的政策措施，涉及到如何規劃城市用地、醫療、教育、文娛等的討論。

成立社會福利署

1947 年 8 月 27 日，政府成立了社會福利局（Social Welfare Office），作為華民政務司的附設部門（sub-department）。麥道軻同日獲委任為社會福利官和助理華民政務司。麥道軻可以使用華民政務司的辦公室，閱讀有關檔案，並有一些臨時初級職員幫忙。至於為何要先以附設部門的形式開設社會福利局，原因或許是當時的合資格專業人才極為匱乏。該部門包括一名曾在英國學習社會福利研究生文憑課程的官學生（Cadet Officer，後稱 Administrative Officer 政務官）和一名臨時文員。其後一段時間，政府繼續擴充社會福利局。[2] 葛量洪曾指出，政府在 1950 年間已經增加社會福利局的人手，並會為在 1951-1952 年度繼續增加必要的人手做好準備。[3] 1947 年 12 月，由 12 人組成的社會福利政策諮詢委員會（Social Welfare Advisory Committee）成立。華民政務司是這個委員會的主席，而社會福利局局長是委員會的秘書。委員會負責向政府提出社會福利政策建議，以及如何實際執行這些政策的建議。一些討論重點包括社會福利局的功能、社會福利活動的協調工作、相關專業人才的訓練

1 HKRS41-1-3328, folio 1.

2 HKRS41-1-4457, folio 24; HKRS41, *Departmental Report 1948-54, Social Welfare Officer*, pp.3-4.

3 CO129/629/8, p.79.

和挑選工作、財政司對慈善團體的財政支持。[1]

在成立初期，社會福利局已經開展了不同範疇的社會福利服務，儘管社會福利服務的發展模式依然以官民合作為主要形式。社會福利局曾經為社會福利服務（Social Welfare Services）下定義，指出社會福利服務旨在讓每位社區上的成員都成為可靠的鄰居和有見識的市民。[2] 在這個原則之上，社會福利局在第一年推動了不同類型的社會福利服務。首先，三位男性緩刑主任（male probation officer）會在港島和九龍的少年法庭、赤柱感化院擔任社工。社會福利局還會從英國聘請一位緩刑官，以合約形式來香港工作 2 至 3 年。這位緩刑官的工作是建立一個現代化和有效的緩刑服務機構，其合約完結後就會將相關事務交由香港當地的官員處理。婦女和兒童社會福利工作方面，社會福利局已經成功為 1,000 名助養的兒童登記，並派出社工進行家訪、或邀請這些家庭到社會福利局接受訪問。自 1948 年 8 月 27 日，即社會福利局成立一週年紀念日開始，免費食堂（Free Fooding Centre）會改稱福利中心（Welfare Centre）。圖 4.2 是救世軍提供的食堂。當時，每個月大約有 20 至 30 宗企圖自殺的個案由警方轉介到社會福利局跟進。[3] 社會福利署會為三類對象提供戶外救濟（outdoor relief）：第一類是家庭支柱暫時喪失行為能力的有需要家庭；第二類是由於心理或生理問題未能保障自己生活的市民；第三類是身心健康、但未能照顧自己或家庭需要的市民。但社會福利局僅在戰後重建初期為這批人提供應急幫助。[4] 社會福利局也有協助處理家庭糾紛、推動家庭福利工作等等，工作範圍十分廣

1 HKRS41-1-4457, folio 24.

2 HKRS41, *Departmental Report 1948-54, Social Welfare Officer*, p.1.

3 HKRS41-1-4457, folio 24.

4 HKRS41, *Departmental Report 1948-54, Social Welfare Officer*, p.20.

圖 4.2

泛。[1]

除了推動上述措施，社會福利局還參與應對房屋等範疇的問題。例如，社會福利局曾處理清拆寮屋的相關事宜，為受影響居民提供幫助。1948 年，政府展開清拆位於市區的大約 30,000 間寮屋的計劃。到 1950 年，政府擴展計劃到 30 萬間位於鄰近市區的寮屋。可想而知，這些寮屋的居民需要入住其他居所。社會福利局主要負責調查和統計受影響的市民，並為這些市民提供重置的居所。到 1948 年底，社會福利局還成立了寮屋檢查小隊（Squatter Screening Squad），專門負責搜集寮屋居民相關的資料等等。[2] 1948 年 12 月，

1 HKRS41, *Departmental Report 1948-54, Social Welfare Officer*, pp.14-15.
2 HKRS41, *Departmental Report 1948-54, Social Welfare Officer*, p.29.

社會福利局還協助處理皇仁書院舊址寮屋區的火災。該次火災涉及大約 700 名災民，社會福利局派員給他們派發麵包和餅乾。[1] 其後，社會福利局計劃興建試驗性質的工人宿舍，若計劃成功就會大規模興建這類型的宿舍。[2]

根據 1948-1954 年的社會福利局報告，社會福利局的其中一個主要職責是促進慈善團體和相關政府部門的合作。[3] 因此，除了上述的工作，社會福利局參與了其他官方或半官方委員會，包括部分福利委員會（Part Welfare Committee）、發展與社會福利委員會（Development and Welfare Committee）、社會福利政策諮詢委員會（Social Welfare Advisory Committee）和紀念戰爭烈士基金委員會（War Memorial Fund Committee）。社會福利局曾參與不少慈善團體的工作，包括在防止肺癆協會（Anti-Tuberculosis Association）擔任會員，並在香港小童群益會（Boys and Girls Clubs Association）、香港社會福利聯會（Hong Kong Social Welfare Council，簡稱社聯）和香港遊樂場協會的前身兒童遊樂場協會（Children's Playground Association）擔任嘉賓。[4] 雖然政府依然維持官民合作的模式推動社會福利政策，但政府在社會福利事務之中有相對戰前更為積極的參與。兒童遊樂場協會利用紀念戰爭烈士基金在灣仔建成的紀念殉戰烈士福利會，內裏提供全方位的兒童社會福利服務，包括兒童遊樂場協會、兒童福利會、保護兒童協會、兒童群益會、家庭福利會和國殤基金保管委員會，一起提供社會福利給兒童，算是當時社會福利服務大本營。

---

1 《華僑日報》、《工商日報》，1948 年 12 月 1 日。

2 《華僑日報》，1948 年 12 月 12 日。

3 HKRS41, *Departmental Report 1948-54, Social Welfare Officer*, p.1.

4 HKRS41-1-4457, folio 24.

1948 年 4 月，麥道軻曾在扶輪會演講，講題為「Some Personal Opinions on Social Welfare」。雖說麥道軻乃是以個人身份發表這次演講，但是他作為社會福利局局長，其演講或多或少有助了解社會福利政策的發展方向。在這次演講期間，麥道軻提出了不少社會福利政策的發展方向。首先，麥道軻提到長者福利的問題，認為長者對香港發展作出了不少貢獻，因此，他認為要思考如何為長者提供更多福利。而且，社會福利工作當時集中在個別弱勢社群，仍有需要為社會上受到歧視、或未能融入社會的市民提供更多社會福利保障，讓這些人可以加快康復或調整自己的生活。而且，麥道軻提到需要開展更多關於青少年的社會福利工作，由於青少年日後會成為社會上的重要成員。兒童福利也是他的關注點之一，麥道軻認為有需要關注兒童健康等範疇，讓這些兒童得以健康地成長。[1] 麥道軻的演講涵蓋了社會福利政策的各個發展方向，說明當時已經注意到為不同年齡的人士提供社會福利的必要性。

1948 年 8 月 28 日下午 4 時，英國政府的社會福利顧問錢氏（Chinn）來到香港，並由麥道軻和港督副官威爾遜上尉在啟德機場迎接。錢氏大約會逗留兩個星期，主要調查香港的社會福利事務，還會和業界人士作交流討論。完成考察之後，錢氏會舉行新聞記者會，報告他的調查成果。[2] 1948 年 9 月 3 日，錢氏曾經在聖約翰堂進行演講，參與者包括香港社會福利會主席賴神父、副主席羅拔臣教授、社會福利局局長麥道軻等人。錢氏提到，政府不會干預義務團體的社會福利服務工作，並會繼續和這些團體合作提供社會福利服

1 HKRS41-1-4458, folio 1.
2 《工商日報》、《華僑日報》，1948 年 8 月 29 日。

務。[1] 慈善團體如保良局、[2] 社會福利會、[3] 港九勞工教育促進會都有為錢氏舉行歡迎儀式。[4] 錢氏曾經和華民政務司杜德等人參觀東華三院、[5] 保良局 [6] 等社會福利機構。錢氏在一次跟記者的會面提及他對香港社會福利工作的看法。他指出，有很多社會福利團體還未能加入社會福利委員會，參與進相關的討論之中。至於發展社會福利的方向，錢氏認為要加強對青年人的社會福利工作。同時，他又肯定慈善團體在推動社會福利工作中的必要性。[7] 錢氏提出了不少建議，但並不是所有建議都獲得採納。他提出的建議包括：希望政府盡快考慮將社會福利局變成一個專門部門；第二，他又建議委任一名副社會福利局局長，並臨時委任一名有處理個案工作經驗的女性官員，以加強社會福利局的架構。部分青年人個案也應交由社會福利局負責處理。錢氏亦建議盡快落實訓練社工的計劃等等。[8] 1950 年 12 月，有官員指出政府亦已經採納和實施了部分建議。[9] 錢氏的建議說明了戰後社會福利政策的發展方向。

正如前文提到，社會福利局成立時是華民政務司署的其中一個部門，並以這身份推動多方面的社會福利工作。錢氏其中一個建議就是讓社會福利局成為專責的政府部門，不再是華民政務司署的附設部門。這項建議引起了不少討論。葛量洪認為社會福利局應繼續作為華民政務司署的附設部門。由於根據當時的行政架構，社會福

1 《工商日報》，1948 年 9 月 4 日。
2 《華僑日報》，1948 年 9 月 6 日 .。
3 《大公報》，1948 年 9 月 4 日。
4 《華僑日報》，1948 年 9 月 6 日。
5 《大公報》，1948 年 9 月 8 日。
6 《華僑日報》，1948 年 9 月 6 日。
7 《大公報》，1948 年 9 月 8 日。
8 CO129/629/8, pp.76-83.
9 CO129/629/8, pp.16-18.

利局局長同時兼任助理華民政務司，有助推動各項社會福利政策。亦有聲音指出，既然社會福利局已經能在當時的架構之中獲得一定的財政和行政權力，沒有必要成為專門部門。而且，華民政務司署在華人之中有一定聲譽，社會福利局能藉助華民政務司署的聲譽更好地開展社會福利工作。同時，部分華民政務司署的職員也會協助社會福利局的工作。但也有官員認為這些理據並不充分。首先，有官員認為社會福利局已經有適用於該部門的財政預算。而且，社會福利局的職責和功能也是十分專門。再者，政府可以通過修改部分條例，讓社會福利局局長獲得需要的法定權力行使職權，並非一定要經過華民政務司署獲得有關職權。另一個重要原因就是社會福利局應該由受過專業訓練的社工負責。其他部門例如醫療衛生局的工作也是和華人相關，但這些部門也不是華民政務司署的附設部門。[1]這個問題似乎未有在 1950 年代初下定論。直到 1958 年社會福利署才成為政府其中一個專門的部門。[2]

無論如何，社會福利局在成立初期就已經積極推動社會福利工作。雖然政府在戰後才更加積極參與社會福利服務，但有檔案資料指出，社會福利局在戰後初期其實已提供十分廣泛的服務，並在短時間內取得一定成效。1949 年 10 月 -1950 年 10 月期間，所提供的服務涵蓋兒童福利、視障人士福利、青年人福利、緊急援助福利、房屋、文娛等等。可見，社會福利局雖然成立不久，但已經形成一套社會福利政策的實踐方針。兒童福利方面，政府以改善對所有兒童的保障和關顧為目標，尤其是生活環境不太好的兒童。政府也會以現代的理論和方式為基礎，加強保障兒童的福祉。政府在當年重寫了 1938 年實施的《保障婦孺條例》（*The Protection of Women*

1 CO129/629/8, pp.15-18, 43.

2 CO129/629/8, pp.15-18, 43.

and Girls Ordinance），改稱為《保護婦女及少年條例》（*Protection of Women and Juveniles Ordinance*）。社會福利局完成草擬一份全新的《領養條例》（*Adoptions Ordinance*），並改組了婦女和兒童福利部門的架構。在 1950-1951 年度，社會福利局設立了 6 名兒童福利官（Children's Officers）和 11 名助理兒童福利官。青年人福利方面，政府的政策方針為推廣不同範疇、有建設性的青年工作，並指出這是對長遠發展最重要的工作之一。社會福利局設立了總青少年福利主任（Principal Youth Welfare Officer）一職，專門負責相關事務。而且，推動 10 個慈善青年組織成立諮詢性質的常設青少年組織會議（Standing Conference of Youth Organizations），並由社會福利局和教育司署的代表擔任其中的成員。是次會議包括一份有關青年人福利政策的詳細報告，內容為一些有關青年人福利政策的長遠建議。政府當時亦正在審視報告的建議。政府還積極鼓勵扶輪會及其他團體籌辦大型的年度男生宿營。同時，社會福利局和教育司署積極參與開設一所位於灣仔的福利中心，服務對象主要為兒童和青少年。[1]

人才訓練

戰前的保護兒童協會因資源有限而被迫設立貧窮線，在貧窮線以下的家庭才能受到協助。[2] 這些非牟利團體在醫療衛生上大多採用西方的方法，對於當時的華人來說是很難接受的。除了西方衛生措施外，還有語言的問題。在關心婦孺方面，華籍女士便要擔當重要的角色。幸好當時國內和外國大學已開設有社會學科，服務保護兒童協會的司徒惠嫦女士就是金陵大學社會系畢業，她是戰前第二位

1 CO129/629/8, pp.81-83.

2 *China Mail* 16 September 1932, *South China Morning Post*, 17 September 1932.

獲頒發 MBE 的華籍女士。[1] 另一位是服務香港優生學會（後稱家庭計劃指導會）和任職醫院社工、在美國畢業的林恆振女士，專門向婦女解釋避孕的重要性。[2] 但本地仍未有足夠社工人才。為了更好地推行社會福利政策，政府在戰後開始培養具備相關專業資格的人才。除了考慮如何調配財政資源，政府也需要不少具備專業資格的人才協助實施社會福利政策。早在 1946 年，6 名有潛質成為社工的學生獲送到英國修讀社會科學文憑或證書課程。但政府認為這些課程似乎對一些具備專業社工資格的學生有更大益處，但對一些缺乏經驗的初學者未必有實際效果。政府於是打算在香港大學設立社會科學課程。香港當時還沒有專門提供整體社會福利培訓（social training）的課程，唯一的專門課程是關於青年工作和團體領袖訓練。這課程得到葛量洪師範學院的幫助，並為 7 個未來的團體領袖提供有關訓練。同時，社會福利局和香港小童群益會合作舉辦了一些訓練未來團隊領袖的課程。政府則為參與該專門課程的學生提供資助，社會福利局和教育司署的代表也為該課程提供間接的援助（indirect aid）。到 1950 年，兩名社工獲得獎學金到英國接受專門訓練，而 1951 年另一位社工獲得英國文化協會（British Council）的大學獎學金進修。[3] 到 1950 年 9 月，香港大學首辦一個兩年制的課程。社會福利署會派出一名主要官員負責實習項目、五個政府部門和一些慈善團體會協助講授課程、提供實地考察機會或解釋相關的專業活動。[4]

1946 年 7 月，李蕙妍女士和何德妮女士獲得政府資助到英國倫敦大學的倫敦政治經濟學院（London School of Economics）進修社

1 *Hong Kong Government Gazette*, no.341 of 1937.

2 *South China Morning Post*, 30 April 1941, 9 May 1941.

3 HKRS41, *Departmental Report 1948-54, Social Welfare Officer*, pp.5-6.

4 HKRS41, *Departmental Report 1948-54, Social Welfare Officer*, pp.4-5.

會福利相關課程。[1] 完成課程後，兩人會回港任職於相關政府部門，為期最少 3 年。[2] 1948 年 10 月底，獲得政府資助進修的李蕙妍在完成在倫敦大學的社會福利科證書課程之後回到香港，而何德妮則在新加坡進行研究，並指出相關研究有助她日後回港推動社會福利工作。[3] 李蕙妍完成進修課程之後，曾在社會福利署任職多年，對於香港戰後的社會福利發展作出不少貢獻。李蕙妍自從 1945 年 11 月起擔任社聯的秘書。同時，她也是主日學（Sunday School）的老師和一名女童軍。早在 1942-1943 年，她與司徒永覺醫生一同處理被拘留者和在囚戰犯家屬的事宜。[4] 李蕙妍對於救助貧困兒童作出重要的貢獻，並在 1956 年被聯合國借用到印尼，[5] 擔任兒童福利問題顧問。其工作包括為印尼的一些私營社會福利團體制定訓練計劃和協助官員處理兒童社會福利事宜。[6] 1958 年 1 月 1 日，政府新聞處公佈榮獲勳銜的人員名單，李蕙妍是其中一位獲得 MBE 勳銜的人士。[7] 同年的 12 月 11 日，她獲得邀請在港督府接授勳章。[8] 李蕙妍的身影還遍及不少與兒童或青年發展有關的典禮，例如基督教女青年會第 28 旅女童軍成立典禮、[9] 童軍見習暨青年領袖訓練聯合露營揭幕儀式、[10] 青年美術展覽閉幕禮等等。[11] 可見，政府在戰後開始注重社會福利事務的人才訓練工作。李蕙妍等人作為戰後第一批獲得專門訓練的社

---

1 *South China Morning Post & the Hongkong Telegraph*, 16 July 1946；《工商日報》，1946 年 7 月 16 日。

2 *South China Morning Post & the Hongkong Telegraph*, 16 July 1946.

3 《工商日報》，1948 年 12 月 3 日。

4 *South China Morning Post & the Hongkong Telegraph*, 16 July 1946.

5 《華僑日報》，1958 年 1 月 1 日。

6 《華僑日報》，1955 年 12 月 18 日。

7 《香港工商日報》，1958 年 1 月 1 日。

8 《華僑日報》，1958 年 12 月 11 日。

9 《華僑日報》，1963 年 10 月 27 日。

10《華僑日報》，1968 年 9 月 1 日。

11《華僑日報》，1965 年 10 月 4 日。

工，為戰後的社會福利事務作出重要貢獻。

維持官民合作模式：東華三院、街坊福利會與賣旗籌款

太平洋戰爭後，政府實際上依然以官民合作的方式推動社會福利政策，例如由政府部門和華人慈善團體合作，為市民大眾提供社會福利服務。這些團體包括廣為人知的東華三院、街坊福利會等等。1947 年 9 月，港督葛量洪就曾經到東華三院巡視。當時，東華三院的主席徐季良、永遠榮譽顧問周錫年、馬敘朝、鄧肇堅等人在場迎接。葛量洪致詞期間將東華三院形容為官民合作的模範。[1] 眾所周知，東華三院提供的社會福利服務範圍十分廣泛，涵蓋醫療、教育、殯葬等等。葛量洪的致詞或許表明政府肯定東華三院、乃至華人慈善團體為市民大眾提供基本社會服務的重要性，並樂見繼續維持這種社會福利服務的發展模式。

根據麥道軻的回憶，東華醫院提供免費的門診服務、有限的住院醫療服務和一些殮葬服務。東華三院也和其他華人團體合作設立免費食堂，讓市民獲得溫飽。[2] 事實上，東華三院在戰事結束後的確馬上繼續提供一系列社會福利服務。首先，東華三院在戰後繼續致力為市民提供醫療服務。僅在 1948 年 1 月，廣華醫院為超過 1,600 人提供接生服務，留醫的人數則超過 1 萬人。同時，廣華醫院的中西醫門診總共為接近 3,600 人提供診治服務。[3] 廣華醫院的姑娘還會

1 《東華月刊》，1947 年 10 月第一卷第 1 期，頁 9。
2 Mcdouall, Impressions of social services in Hong Kong August 1945 to May 1946, pp.511-512.
3 《東華月刊》，1948 年 4 月第一卷第 5 期，頁 5。

提供助產手術，幫助孕婦順利誕下嬰兒。[1] 東華三院的服務涵蓋醫療、教育等不同範疇的社會福利事務。戰後，東華三院曾添置救護車，繼續提供施棺服務，致力提供完備的社會福利服務。例如，東華醫院的門診診所、東華義莊等進行了翻新工程。東華醫院則為病人增設 100 個病房的床頭櫃，改善醫院的環境。廣華醫院則修建了廣華大堂、擴充護士學生宿舍等等。東華東院增設了不少用具。[2] 醫護住宿方面，東華三院之中只有東華醫院有護士宿舍，而廣華醫院和東華東院依然沒有護士宿舍。當時的醫院因而需要劃出病房的其中一部分，讓護士有地方居住。所以，興建護士宿舍不但可為護士提供更好的居住環境，還可以騰出病房空間，讓更多人得以接受醫療服務。加上，醫院的床位供應也十分緊張。東華三院董事局因而在戰後研究如何增加病床數量和興建護士宿舍，為市民大眾提供更多醫療服務。[3] 可見，東華三院在戰後為市民大眾提供不同方面的醫療服務。

除了提供醫療服務，東華三院也參與救災賑濟的社會福利工作。東華三院曾經救助輪船意外的災民，例如救助廣東輪的災民。[4] 1948 年，永安貨倉發生火災。之後，東華三院成立了東華三院救濟永安倉火災難民委員會，由東華三院主席林厚德等 8 名東華三院代表和永安公司的代表郭獻文擔任委員。委員會組織了多項工作，包括登記災民身份等等。如果災民願意入院居住，東華三院會為他們提供膳食。如果災民不願入院居住，他們會獲發臨時救濟費，每 5 日一期。成人每日可獲 2.5 元的生活費，小童每日則可獲 1.5 元。據

1 《東華月刊》，1948 年 4 月第一卷第 5 期，頁 13-15。
2 《東華月刊》，1948 年 6 月第一卷第 6 期，頁 1-2。
3 《東華月刊》，1948 年 1 月第一卷第 4 期，頁 1-2。
4 《東華月刊》，1948 年 6 月第一卷第 6 期，頁 1-2。

統計，東華三院收容了 138 名災民。同年 10 月初，在瑪麗醫院的醫生陪同下，東華三院和永安公司的代表前往瑪麗醫院慰問受傷者，向每位傷者派發餅乾、牛奶和一些水果。受火災影響，災民普遍都沒有足夠的禦寒衣物。於是，東華三院的總理購買大量棉被、毛巾等等，讓災民獲得足夠的保暖衣物。因此，東華三院的救災工作為災民提供及時和重要的幫助，讓他們能渡過難關。[1]

東華三院亦有積極救濟內地水災的災民。1948 年，東華三院董事局支援救濟廣東水災的災民，並派出東華三院的總理到汕頭、石龍、廣州協助賑災工作，包括提供糧食和藥物、修堤等等。[2] 1949 年 7 月，東華三院組織了兩廣水災救濟委員會，應對同年 6 月底發生的水災。當時的東華三院主席林厚德和東華三院總理周湛光前往災區考察。周湛光成為東華三院駐穗辦事處主任。辦事處的工作包括收取災情報告、整理救災新聞等，並會每日將災情報告和請賑文件寄到香港。辦事處還曾經與災區的各個同鄉會商量如何向災民分發賑災物資，調查交通狀況、航運情況和米價，協助救助災民。東華三院也鼓勵不同人士或團體積極捐錢救災，並通過舉辦義賣、義演、義舞等活動籌款。[3] 可見，東華三院也非常關心內地的社會福利事務。

此外，東華三院還提供不同範疇的社會福利服務。社會福利局局長（K. Kleen）曾提到，東華三院並非只是提供醫療服務，還提供各項救濟和慈善活動。[4] 這說明東華三院提供了十分全面的社會福利服務。舉個例子，東華三院曾經主辦義校。1950 年，初小四年級和

---

1 《東華月刊》，1948 年 12 月第二卷第 2 期，頁 13-15；1949 年 11 月第三卷第 1 期，頁 4-5。

2 《東華月刊》，1948 年 8 月第 7 期，頁 2-3。

3 《東華月刊》，1949 年 9 月第二卷第 8 期，頁 4-7。

4 Social Work in Hong Kong by K. Keen. *Social Welfare Officer*, pp.363-364.

高小二年級學生還會在東華醫院的大禮堂參與畢業考試。東華三院也曾向政府申請在九龍城興建墳場，並獲得政府批出位於鑽石山的一些土地用作相關用途。[1] 東華三院提供的社會福利服務涉及眾多領域，至今仍然惠及眾多市民。

街坊福利會

談起社會福利服務，街坊福利會是重要的持分者之一，為市民大眾提供不少社會福利服務。街坊福利會有較為悠久的歷史。街坊福利會並非偶然形成的組織，而是由一些熱心市民擔任街坊福利會的領袖、並為社區作出實際貢獻的社會福利組織，例如修理橋樑、提供教育服務等等。[2] 正如深水埗街坊福利會的第一屆常務理事朱文裔提到，街坊福利會是以某一個區域為單位，旨在為街坊謀福祉的組織，涉及醫療、教育等多個範疇。[3]

1951 年 5 月 22 日，麥道軻在扶輪會發表演講，內容為一些關於街坊福利會的事情。麥道軻提到，街坊福利會在香港的歷史上有不少實際的功能，例如提供免費的醫療服務。不少由醫療部門營運的公眾藥房（public dispensaries）原本都是由街坊福利會興建。這些公眾藥房普遍都是由街坊福利會出資和營運，並曾諮詢華民政務司的建議。不過，1945 年之後，最後一間華人公眾藥房（Chinese Public Dispensaries）也由醫療部門接手營運。但戰後也有一些新的街坊福利會組織成立，第一個就是深水埗街坊福利會。至於成立新的街坊福利會的原因，麥道軻認為這不僅是為了承傳戰前街坊福利

1 《東華月刊》，1950 年 8 月第三卷第 8 期，頁 13。

2 HKRS41, *Departmental Report 1948-54, Social Welfare Officer*, p.31.

3 《深水埔街坊福利會年刊》（香港：深水埔街坊福利事務促進會，1951 年）。

會的精神，還是為了建立一個有效的社會服務網絡，讓市民的生活可以得到實際改善。當時，戰後成立的街坊福利會已經開辦 13 間夜校，為接近 3,000 名學童提供教育服務；還開辦了兩班家政課程和一班為女士而設的針織課程。醫療方面，這些街坊福利會組織了 140 名中醫和西醫，為草根基層提供免費的醫療服務，又為聖約翰救傷隊（St. John Ambulance Brigade）開辦了 8 個新的小隊。而且，街坊福利會還籌款用作進一步的醫療工作和防止肺結核、防止隨地吐痰的宣傳工作等等。[1] 從上述例子可見，街坊福利會在戰後為市民提供了不同方面的社會福利服務，其功能似乎和戰前沒有太大分別。

政府曾經統計戰後初期街坊福利會的分佈和發展情況。由 1949 年到 1950 年底，有 10 個街坊福利會組織在市區成立，分別位於深水埗、九龍城、西區、堅尼地城、灣仔、中環、跑馬地、北角、銅鑼灣和筲箕灣。除了新成立的街坊福利會，還有兩個位於大坑和赤柱的街坊福利會。街坊福利會為市民提供各類型的社會服務。舉個例子，灣仔街坊福利會曾組織小型足球隊，並和兒童遊樂場協會在修頓球場協辦一些由紀念戰爭烈士福利會（War Memorial Welfare Centre）推動的活動。跑馬地及鵝頸橋街坊福利會還為市民提供照 X 光的服務。筲箕灣街坊福利會則為馮強樹膠廠（Fung Keong Rubber Factory）倒閉後的失業女工和行動不便男工提供支援。由於人手不足和工作繁重，政府未能將部分位於港島南的街坊福利會，例如香港仔和石澳的街坊福利會納入統計之中。同時，當時也有計劃在紅磡、油麻地、尖沙咀和旺角設立街坊福利會。街坊福利會的功能十分廣泛，例如提供免費醫療或救傷服務，營運海浴更衣棚，開辦學校等等，為市民提供基本的社會服務。[2] 社會福利局還在 1952 年成立

1 CO129/629/8, pp.28-39.

2 HKRS163-1-1139, folio 1, Enclosure A.

社會發展部（Community Development Section），以保持和街坊福利會組織的聯繫，並會向街坊福利會提供建議。[1]

作為戰後最早成立的街坊福利會，深水埗街坊福利會為該區市民提供多元化的社會福利服務，並在火災發生之後援助有需要的市民。深水埗街坊福利會在1949年10月23日成立。圖4.3是深水埗街坊福利會成立時社會福利局局長麥道軻作演講，其左為主席黃伯芹（Parkin Wong，1885-1971）。根據政府報告，深水埗街坊福利會有11,956名會員，設有一所有270名學生的學校。圖4.4是深水埗街坊福利會給區內兒童開展相關免費教育活動的合照。有58名年輕人曾接受聖約翰救傷隊（St John Ambulance）的訓練，同時有47名醫生提供免費的醫療服務。[2] 圖4.5是1950年第一期聖約翰救傷隊班畢業合照。早在1949年初，社會福利署就開始鼓勵市民參與幫助福利中心的運作，並鼓勵成立由鄰里組成的組織。1949年1月，社會福利署曾鼓勵在深水埗的社會福利署福利中心附近做生意或生活的小商戶和各個家庭成立鄰里組織，但計劃並不成功。後來，一些華人社會賢達加入了這個計劃，並把成立鄰里組織的範圍擴展到整個深水埗，覆蓋的人口大約有20萬。經過一輪磋商，最後決定重新採用街坊福利會作為組織的名稱，深水埗街坊福利會於是成為戰後第一個成立的街坊福利會。[3]

1 J. C. Mcdouall and K. Keen, "The Kaifong Welfare Associations," in *Community Development Bulletin*, Vol.7, No.1（December 1955）, p.8.

2 HKRS163-1-1139, folio 1, Enclosure A.

3 HKRS41, *Departmental Report 1948-54, Social Welfare Officer*, p.32.

圖 4.3

圖 4.4

圖 4.5

早在 1949 年 5 月 10 日，黃伯芹[1]、鍾仲山、馬子修（1900-1954）、余達之、顧學餘、招福申等人召開第一次籌備座談會，社會福利局麥道軻等人前來參與支持。這次座談會通過了起草章程委員會的委員名單，委員會的成員會負責起草章程草案。深水埗街坊福利會成立後，第一屆正理事長為黃伯芹、副理事長為鍾仲山和馬子修、中文秘書為陳蔭城、英文秘書為余達之。正如前文所講，深水埗街坊福利會曾在火災後接濟災民。在蘇屋村大火發生後，街坊福利會曾聯同社會福利局、九龍華商會、潮州公會和一眾佛教團體，成立深水埗蘇屋村火災救濟委員會，採取分派白米、棉被、衣服等舉措，援助受影響的市民。蘇屋村大火令到近 700 多間的木屋被燒毀，受災的市民有 2,000 多人。街坊福利會的措施有助災民應付生活所需。另一場大火為李鄭屋村大火。在火災發生後，深水埗街坊福利會成立了李鄭屋村救濟委員會，救助災民。李鄭屋村大火使得 650 間木屋被燒毀，受災的市民多達 2,600 多人。街坊福利會實施了不少救濟措施，包括成立臨時登記處登記災民身份，向災民派發棉衣、白飯、現金等等。災民每日可以獲得兩餐、每餐有六兩米的白飯。街坊福利會還籌得超過 22,500 元，扣除開支之後，每位已經登記的災民可以獲得 7 元的資助，協助災民渡過難關。深水埗街坊福利會其中一位常務理事雷蔭蓀曾在早期展望未來的福利工作，希望街坊福利會可以籌建會址、義校、醫務所、留產所、託兒所、小型

---

1 黃伯芹是「深水埗地王」黃耀東的長子，深水埗有耀東街以他命名。在皇仁書院畢業後留學美國。他獲康奈爾大學頒授文學和碩士學位，主修經濟地質及地層地質學。同期留學於康奈爾大學的胡適形容黃伯芹為人熱忱、通情達理、勝友如雲。1953 年石硤尾大火災後，黃伯芹立即開放東廬予災民暫居。作為街坊會主席的他是社會各界賑災工作的領導者，他在其寓所東廬召開會議，會上通過成立「深水埗石硤尾六村火災急賑委員會」。港督葛量洪在他的書中讚他幽默和熱心公益。他長期穿長衫，有何東的影子。1971 年，黃伯芹逝世，享年 86 歲。

圖書館、運動場等等。[1] 1950 年，深水埗街坊福利會設立了贈醫診療所，費用全免，3 年後改為收取藥費成本一元。每日有兩名註冊醫生和一名牙醫應診，平均每日服務 300 名街坊，[2] 但中醫服務則依然免費。[3]

教育工作方面，深水埗街坊福利會在 1950 年開辦了首兩所夜校和一班特別開設的下午班。其中，1950 年 2 月成立的第一間夜校是首個由街坊福利會設立的免費學校。其後，由於越來越多人報名入讀這些夜校，福利會陸續開設了第三和第四間夜校。到 1957 年 9 月，福利會特別開設多一班下午班。首三間學校每年獲得政府津貼 16,000 元。學校的課外活動包括練字、寫作或演講比賽、學校旅行、清潔活動等等。根據福利會的 8 週年刊物，四間學校分別位於桂林街、昌華街、基隆街和大南街。[4] 從上述例子可見，深水埗街坊福利會提供了不同範疇的社會福利服務，並在日後繼續擴展其工作範疇。

其後，深水埗街坊福利會進一步擴展工作範圍，開設了車縫班、處理家庭糾紛委員會等等。又曾經播放多套關於衛生清潔的影片，實施勸導小販等措施，改善衛生情況。福利會還免費為街坊注射預防霍亂的疫苗，防止傳染病擴散。兒童福利方面，福利會設立童膳食堂，開放時間為星期一至五，每日提供一餐，只象徵式收取一角費用。1963 年 5 月，香港面對缺乏足夠水供應的困難。由於深水埗區的勞工人數特別多，對水的需求自然更大。於是，街坊福利

1 《深水埔街坊福利會年刊》（香港：深水埔街坊福利事務促進會，1951 年）。

2 黃劍父：《深水埗街坊福利會會所學校落成開幕特刊》（香港：深水埔街坊福利會，1964 年）。

3 Shamshuipo Kai-fong Welfare Advancement Association, A brief history and general account of the association, issued on the occasion of the eighth anniversary, p.7.

4 Shamshuipo Kai-fong Welfare Advancement Association, A brief history and general account of the association, issued on the occasion of the eighth anniversary, pp.9, 15-18.

會採取各項措施，應對水供應不足的情況。有 11 間廠號將 11 個私家井交由福利會負責供水。街坊福利會在界限街發掘到一口舊的水井，水井深度達到 20 多呎，並在汝州街新會所的地盤開鑿新的水井。[1] 到 1953 年，福利會的成員上升到超過 3,600 人。1957 年，福利會的成員已經超過 4,000 人。[2] 可見，深水埗街坊福利會的工作受到不少民眾歡迎。

街坊福利會的工作取得不少成就。到 1954 年，香港已經有 18 個獲得政府認可的街坊福利會組織，總會員數接近 22 萬 3 千人。同一時間，這些街坊福利會組織開辦了 122 班、為超過 3,700 名學童提供教育服務。醫療方面，街坊福利會總共有 1,059 名中醫和西醫為市民提供免費的醫療服務，所診治的市民數超過 13 萬 9 千人。社會福利署和街坊福利會合共接濟超過 117,500 名受火災或海難影響的市民。[3] 在 1954-1955 年度，街坊福利會總共營辦了 20 間學校，為 4,200 名草根階層家庭的兒童提供教育服務。醫療方面，街坊福利會設立了 18 間中醫診所和 11 間西醫診所。到 1955 年，街坊福利會的數量增加至 22 個。[4] 這些數據表明，街坊福利會確實為市民提供了大量社會福利服務。太平洋戰爭結束後，雖然政府已經成立並繼續擴展社會福利局的架構或職責，但街坊福利會等社區組織依然致力為市民提供多樣化的社會福利服務。

1 黃劍父：《深水埗街坊福利會會所學校落成開幕特刊》（香港：深水埔街坊福利會，1964 年）。

2 Shamshuipo Kai-fong Welfare Advancement Association, A brief history and general account of the association, issued on the occasion of the eighth anniversary, p.7.

3 HKRS41, *Departmental Report 1948-54, Social Welfare Officer*, Appendix 10, p.49.

4 Mcdouall and Keen, The Kaifong Welfare Associations, in *Community Development Bulletin*, Vol. 7, No.1（December 1955）, pp.7-8.

賣旗活動

賣旗是慈善或非牟利團體常見的籌款方式，相信不少人都有過買旗或賣旗的經驗。至今，社區團體常常會通過賣旗日籌款，以補貼日常的營運開支。其實在戰後重建初期，不少提供社會福利服務的社區團體、學校等就已經開始通過賣旗籌款。這些團體或機構需要先向華民政務司署遞交申請，獲批之後才可以舉行相關活動。且每個月只能有一次這類型的活動。1949 年，東華三院、保良局、扶輪會、勞工子弟學校等曾經申請舉辦賣旗日。最後，當年獲批賣旗或賣花的團體包括東華三院、保良局、香港防止肺癆協會（Hong Kong Anti-Tuberculosis Association）、英國退伍軍人協會（British Legion）、雅麗氏醫院（Alice Memorial and Affiliated Hospitals）、香港社會福利聯會、勞工子弟學校、香港仔工業學校、救世軍、香港保護兒童會、香港小童群益會、聖雲先（仙）會（Society of St. Vincent de Paul），共 12 個團體或機構。[1] 由此可見，戰後重建初期就已經有提供社會福利服務的團體通過賣旗等活動籌款。這類活動不但為這些團體籌集了一些營運資金，也能擴大社區團體的知名度。

小結

無疑，社會福利事業為不少有需要人士提供了必要的援助。從上文可見，太平洋戰爭結束後，政府和社會團體的合作讓各項社會福利事業得以順利開展。由於社會福利政策涉及不同範疇，之後關於醫療、教育、房屋的章節，也和社會福利政策的背景有密切關

1 HKRS306-1-85, folio 2-8.

係。尤其是華人團體，例如本章提及的東華三院和各個街坊福利會，幫助市民大眾得以直接地獲取社會福利服務。這些組織既在受災應急的時候提供援助，也會在醫療、教育等不同領域提供常規性服務，讓不同階層的市民都能有更好的生活條件。現在，東華三院和保良局依然主辦不少學校，為不同階層的學生提供教育服務。其他的慈善或非牟利組織如街坊福利會也為不同年齡、不同階層的市民提供社會福利服務。因此，無論是幼兒還是長者，都能在有需要的時候獲得基本的社會福利服務。

官民合作的方式依然是戰後社會福利政策發展的主調。戰後新成立的社會福利局，即現今社會福利署的雛型，以直接或間接的方式為市民提供了各式各樣的社會福利服務。社會福利局局長紀倫（K. Kleen）曾提到，社會福利局的職責不但包括實施社會福利政策，還需要與非政府組織合作推動社會福利事務。非政府組織如香港小童群益會、香港保護兒童會（Society for the Protection of Children）、香港家庭福利會（Family Welfare Society）；宗教團體如普世教會協會聯、世界信義宗聯會難民服務組織（The World Council of Churches and Lutheran World Federation Joint Service to Refugees）、中國天主教福利委員會（Catholic Welfare Committee of China）等等，亦有參與戰後的社會福利工作。[1] 本書的其他篇章，包括教育、房屋、醫療等專章，也常常談及由熱心人士組成的社會福利團體。官民合作的社會福利模式可謂一種互利共贏的模式。政府資源有限，通過為各個慈善或非牟利團體提供政策便利，讓這些團體能夠靈活地、直接接觸有需要的市民，並為這些市民提供各項服務。這些團體又能在合法、合乎程序的情況下順利開展社會福利工

1 Social Work in Hong Kong by K. Keen. *Social Welfare Officer*, pp.363-364.

作。加上，政府和這些團體保持緊密的聯繫和溝通，使得有需要的市民能更容易獲得相關的社會福利服務。綜上所述，官民合作的模式實為開展各項社會福利服務作出重要貢獻。

05

社會福利政策（二）——房屋政策

房屋供應一直是影響香港發展的關鍵因素。戰爭造成的破壞，令得住房問題更趨嚴峻，戰爭結束後，政府、私人企業和社區團體都從不同方面入手，努力增加香港的房屋供應。相關措施主要有幾條路線，包括政府與私人和非政府團體合作、官民的合作社模式，以及私人建屋計劃。尤其是政府以優惠地價和低息貸款資助非牟利的房屋協會開展的屋邨試驗，影響深遠。

房屋供應一直是影響香港發展的重要議題。1950 年的一篇報導就指出，香港的房屋問題往往和香港的天然情況（natural conditions）有關。可建空間不足、氣候環境和以投資房屋保值的資金流入速度都會持續令到香港的樓價長期居高不下，遠高於市民的租金承受能力。報導也指出，不少市民已經習慣了住在洞穴（cave-dwelling）的居住方式，意思是對於不少市民來說，家庭（home）的定義就是只有一個小房間。[1] 由此看來，高樓價似乎並不是新鮮事。但值得了解的是，政府和不同持分者如何在太平洋戰爭結束後，以不同的方式嘗試增加房屋供應，這些措施又取得甚麼進展？

戰後房屋政策與房屋協會的成立

房屋協會的成立需要從英國官員柏斯堅（J.J. Paskin）訪問香港說起。1949 年 1 月，英國高層官員柏斯堅訪問香港。有記者問到市政局（Municipal Council），亞拔高比報告和新機場的進展，柏斯堅指出此行以收集資訊為主，因而沒有透露任何有關政策方針的消

1 *South China Morning Post*, 27 July 1950.

息。而且，柏斯堅也通過此行了解香港發展的整體狀況。[1] 柏斯堅回到英國後撰寫報告，指出香港的房屋狀況令他十分震驚，因為即使是政府僱用的文員也是居住在寮屋區。但是，這些文員依然能穿起整齊乾淨的衣服上班工作。柏斯堅在報告中明確指出，戰前依賴私人企業為草根階層建屋的方式已經不合時宜了。他認為，政府需要在研習亞拔高比報告和考慮到財政狀況的前提下，思考是否大規模進入房屋市場。[2] 1949 年 10 月，英國「殖民地部」大臣斯威廉（David Rees-Williams, 1903-1976）訪港，[3] 引起了英國政府對香港房屋問題的關注。1950 年 6 月，港督葛量洪奉命到「殖民地部」開會，商討社會福利政策等事宜。葛量洪提到，政府會把 100 萬元發展與福利基金中的大約 30 萬元用來支持新界的發展，餘下的則用來為草根階層建屋。滙豐銀行也一直有貸款支持白領人士建屋的計劃。在其中一場會議上，葛量洪承認政府在處理房屋問題上進展不大，但指出這個問題必須盡快處理，例如以試驗計劃形式開始處理房屋問題。[4]

1951 年 2 月，葛量洪草擬了一份計劃書，提出以試驗計劃的方式處理香港的房屋問題。葛量洪提議參考新加坡的做法，成立一個改善信託基金（Improvement Trust）。這個基金必須有非官方人士參與，但是政府會嚴謹地監管基金的財政狀況。這個基金會貸款給非牟利機構興建房屋，並會收回成本以還清貸款。葛量洪提到政府打算通過試驗計劃，興建 370 個單位。香港政府會貸款 200 萬元給新成立的香港房屋協會（下稱房協）資助興建相關單位，發展與福利基金會資助 13,500 英鎊（約 21 萬港元）。房協負責管理和維修房

1 *South China Morning Post*, 20, 21 & 23 January 1949.

2 CO129/629/8, pp.2-3.

3 *South China Morning Post*, 28, 29, 30, 31 October 1949.

4 CO129/629/8, pp.89-101.

屋，亦會監察工程的進展。[1] 1951 年 5 月 19 日，英國政府批准了葛量洪的申請，批准以試驗計劃的形式開展建屋計劃。[2]

1951 年 3 月 20 日，房協召開首次會議，會議地點在輔政司辦事處。[3] 根據同年 4 月 18 日開的會議，香港房屋協會由太古船塢經理芬尼（John Finnie）擔任主席，其他成員還有主教何明華會督、賴詒恩神父（Rev. Father T.F. Ryan, 1889-1971）、陳乙明會計師（1895-1976）、關祖堯律師（1907-1971）、張家維和政府官員如舒雲（W.W.C. Shewan）等等。這次會議通過聘用費咸（S.C. Feltham）為試驗計劃的建築師。關祖堯律師則會暫時支付成立房屋協會的私人草案的費用。[4] 1951 年 5 月 16 日，關於房協成立的草案獲得立法會三讀通過。[5]

根據建屋計劃，落成後的單位會包括一房、一廚房、一個洗手間和小型露台，以符合基本的衛生和社會標準。單位的設計得到政府的署理工務局總建築師主理，並得到醫務衛生處（Medical and Health Department）、社會局（Social Welfare Office）、勞工及社會福利部門（Labour and Social Welfare Departments）的幫助。社會人士例如兩位華人地產商和私人執業的工程師費博（S.E. Faber）也有協助籌建計劃。[6] 房協的建屋計劃最終選址為上李屋，面積為 2.5 畝。圖 5.1 是選址上李屋邨地圖。選址的地價是以底價的一半計算，貸款息口和建築費同是 3.5%（以單利息算法計算）。協會也需要繳交地租，還款期是 40 年。落成後就是市民耳熟能詳的上李屋

1 CO129/627/3, pp.22-40.
2 CO129/627/3, p.22.
3 HKRS2201-1-21 folio 2.
4 HKRS2201-1-21 folio 3.
5 Hong Kong Legislative Council, *Hong Kong Hansard*, 16 May 1951, pp.170-171.
6 HKRS2201-1-9 folio 1.

圖 5.1

邨。[1]

1951 年 8 月，房協成立管理小組，研究如何制定候補名單和分配單位的事宜。[2] 第一種房屋供 4 至 6 名成年人的家庭入住，另一種房屋則供 4 人以下的家庭入住。兩名十歲以下的兒童當一人計算，十歲以上則當一人計算。每月的房租大約為 70 元。1952 年 5 月，房協在報章刊登廣告，說明申請人需要符合的幾個條件：第一，申請

1 *South China Morning Post*, 11 September 1952.

2 HKRS2201-1-21 folio 7.

圖 5.2

人在 1952 年 1 月 1 日之前已經在香港居住滿 5 年；第二，有固定入息；第三，申請人的家庭不能少於 3 人，但又不能多過 7 人，女僕也納入家屬計；第四，申請人領取申請書的時候需要聲明其身份證號碼。[1]

1952 年 9 月，署理港督柏立基（Robert B. Black）主持上李屋邨的開幕典禮，並感謝香港房屋協會建成上李屋邨的努力，為草根階層提供 270 個單位。柏立基提到政府會盡力提供更多的房屋供應，並將建屋視為其中一項優先處理的事務。柏立基亦指出，建屋不但涉及興建更多的單位，還涉及到後續的管理問題，例如如何選擇租

1 《工商日報》，1952 年 5 月 21 日。

戶、維修物業和其他層面的屋邨管理問題。[1] 圖 5.2 是落成後的上李屋邨。

上李屋邨落成後為草根階層提供了良好的居住環境，並照顧市民不同方面的生活需要。協會購買了一部價值 115 元的剪草機，用來修整草地及樹木。委員會也考慮到用水的問題。如果住戶臨時無法用井水沖水，水務局（Water Authority）可考慮臨時用自來水沖水。管理員可以為住戶提供收費、非強制的垃圾清理服務，二樓以上的住戶收取 3 元，二樓或以下的住戶則收取 2 元。[2] 屋內的小間牆可將睡房一分為二（見圖 5.3）。其後又為居民加設涼衫架（見圖 5.4）。1953 年 12 月，由於大部分住戶同意在屋邨興建遊樂場，房協同意在 A 座和 C 座興建遊樂設施。不過為了保障住戶的安全，部分遊樂設施需要加裝圍欄。[3] 見圖 5.5。房協也為住戶興建社區中心，住戶可以租用社區中心作為社交場所。小童群益會的男童組會在上午租用社區中心，人數最多為 35 人，活動包括遊戲、體育運動、唱歌、手工藝等等。下午則交由街坊福利會運作，為住戶開設聖約翰救傷課程和縫紉班，其後亦提供兒童診所服務。[4] 圖 5.6 和圖 5.7 是兒童在小童群益會內遊戲的情景，圖 5.8 是兒童在小童群益會外遊戲的情景。邨內又加建籃球架，兒童可在沙地上玩足球和籃球，見圖 5.9。其後，房協在 1990 年中開始，動用 4 億元重建上李屋邨，標誌着上李屋邨已經完成其歷史任務。[5] 1995 年，樂年花園在上李屋邨的原址落成，以房協的第四任主席樂年（Rev. Fergus Cronin）命名。

1 *South China Morning Post*, 12 September 1952.

2 HKRS2201-1-21 folio 15 & 16.

3 HKRS2201-1-21 folio 34.

4 Hong Kong Housing Society, *Annual Report 1957 & Annual Report 1958*（Hong Kong: Hong Kong Housing Society）.

5 《華僑日報》，1990 年 4 月 17 日。

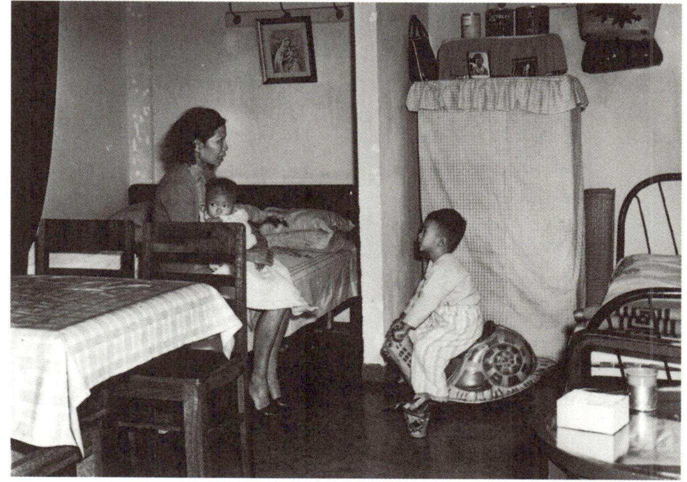

圖 5.3

圖 5.4

圖 5.5

圖 5.6

STAIRCASE NO.2
STAIRCASE NO.3
STAIRCASE NO.4
NO UNAUTHORISED PERSON IS ALLOWED ON THESE PREMISES
閒人免進

圖 5.7

圖 5.8

圖 5.9

由此可見，上李屋邨是價格相宜而且相對舒適的住所。尤其對於草根階層來說，房協的屋邨為市民改善生活質素創造了客觀條件。除了上李屋邨之外，房協還建設了不少出租屋邨，例如已經拆卸的馬頭涌平房區、紅磡村、四季大廈、啟德邨、丹拿山邨等，以及現存的明華大廈、勵德邨、祖堯邨、乙明邨、家維邨等等，[1] 為不少市民提供廉價而相對舒適的居所，改善了市民的居住環境。舉個例子，1966 年 2 月開幕的明華大廈就是以房協創會成員何明華會督命名，提供了 3,000 多個單位，是房協當時 12 個屋邨中最多的。[2]

社會團體應對房屋問題的策略

香港難民及社會福利會（Hong Kong Social Welfare Council，下稱社福會）是其中一個致力於應對香港房屋問題的組織。1947 年 2 月 24 日，軍部將 12 間位於九龍亞皆老街的馬頭涌邨平民宿舍交還給社福會。這些平民宿舍的地皮是由政府捐出，並由中華總商會捐錢資助興建宿舍。[3] 1947 年 3 月，社福會委任施國望（Catherine Scott Moncrieff）女士擔任秘書（organising secretary）。施國望具備豐富的社會福利事務經驗，例如曾經在 1933 至 1940 年擔任基督教女青年會的秘書長（general secretary），任內曾負責主管 50 間俱樂部和旅館，推展有關屋邨的開創性工作。[4] 1947 年 11 月，社福會召開大會，指出社福會的目標是以最廣闊的形式推廣社會福利，並會通過協調各個義務組織，以任何可能的方式讓這些義務組織和政府的工

1 詳見房協的網站：https://www.hkhs.com/tc/our-business/property-detail/id/4/type/2/house/1。

2 *South China Morning Post*, 11 February 1966.

3 *South China Morning Post*, 25 February 1947; *South China Morning Post*, 25 July 1948.

4 *South China Morning Post*, 22 March 1947.

作建立聯繫。施國望的加入對社福會可說是具有十分顯著的幫助。[1]

其後，社福會把資金用在興建或重修房屋，為市民大眾提供更多的房屋供應。1947 年 12 月，倫敦市長空襲救災基金（Lord Mayor of London's Empire Air Raid Distress Fund）向社福會撥款 14,000 英鎊，以緩解戰後有需要人士面對的困境。救災基金同時捐助了 28,000 英鎊給馬來西亞、8,000 英鎊給北婆羅州。[2] 施國望曾經在電台節目中講述社福會的房屋工作。她提到，在 1938 年，中華總商會曾幫助社福會在馬頭涌興建 56 個小型的房屋單位，每個單位內都有小型廚房和廁所。雖然馬頭涌宿舍在過去 7 年沒有得到任何保養，社福會發現宿舍的狀態依然值得維修。於是，社福會運用了大約 30,000 元復修宿舍。即便沒有作出任何公開的宣傳，社福會仍收到很多希望入住這些單位的申請。不過，這些申請人往往不是住在徙置區的市民，而是一些老師、文員、電話接線生、會計師、警察和政府人員等曾接受教育的市民。這些申請者的家庭月入大約 200 元至 300 元。施國望也希望成立一個非牟利的房屋協會，為有需要人士提供一些一房或兩房的住宅，並提供廚房或其他便利設施。[3] 1948 年 4 月，香港房屋會（Hong Kong Housing Association）成立，成員有賴詒恩神父、何明華會督、關祖堯律師、陳乙明會計師等等，秘書（Minute Secretary）為施國望女士。香港房屋會已經制定了初步的計劃，政府部門和其他熱心人士嘗試為房屋會籌措 60 萬元的資金。與此同時，社福會也向政府遞交了報告，建議政府不能只按商業模式處理房屋問題。社福會建議政府具體地參與房屋市場的運作，例如通過為興建試驗計劃單位的機構擔保償還銀行利息，

1 *South China Morning Post*, 15 November 1947.
2 *South China Morning Post*, 4 January 1948, 13 May 1948.
3 *South China Morning Post*, 25 July 1948.

讓租戶能以不多於每月 50 元的租金租住試驗計劃的單位。1948 年 11 月，施國望公開說明倫敦市長空襲救災基金撥款的用途。她提到社福會不會將這筆撥款用來緩和有需要人士的個人需要（individual relief），因為這筆撥款的金額相對不算多。因此，社福會打算運用這筆撥款緩解有住屋需要人士的困境，體現倫敦市長空襲救災基金設立的精神。為了有效運用撥款，施國望提議將撥款用來組成房屋會的核心，餘下的資金則用來發放低息貸款，協助興建 100 個讓工人居住的單位。[1] 由此可見，社區團體如香港難民及社會福利會一直積極應對戰後香港的房屋問題。

官民合作的嘗試：香港模範屋宇會與模範邨

模範邨對於香港房屋發展有重要的意義，因為模範邨標誌着香港廉租房屋的開端之一。模範邨之所以得名是和非牟利組織香港模範屋宇會（Hong Kong Model Housing Society）有關。根據香港模範屋宇會的公司註冊證書，其成立公司的目標眾多，當中包括以最低價格為低收入人士提供健康的居所、擴建現有的建築物或興建新的建築物等等。[2] 在 1950 年 7 月 25 日，香港模範屋宇會的董事會成員都是一些社會賢達。當時，董事會的主席是律敦治、副主席為周錫年。董事會亦包括兩名政府成員杜德（Ronald Ruskin Todd）和師施雲（W.W.C. Shewan）。其他成員包括滙豐銀行的亞當臣（A.S. Adamson）和鍾士（J.R. Jones）、以及芬尼。香港模範屋宇會計劃在北角英皇道興建總共約 400 個單位。興建計劃預計能為 2,000 人提供住所。這個項目就是今日北角模範邨的雛型。在宣佈模範邨計劃

1 *South China Morning Post*, 18 November 1948.

2 CO129/627/6, pp.46-48.

時，香港模範屋宇會的發言人曾經表示，雖然戰事結束後香港的房屋供應狀況有所改善，但這種改善的情況不能惠及所有人，只有可以承擔高租金的家庭能夠改善其住屋環境。而市民在戰後面對高租金的原因包括過高的建築成本和住屋供應遠遠追不上需求。政府、工業家和社會福利組織一直都有關注香港持續缺乏廉租單位的情況。[1] 因此，模範邨計劃可謂由政府和社會團體合作興建並向市民大眾提供廉租房屋的嘗試。

律敦治是時任香港模範屋宇會的主席，他曾就模範邨的興建計劃作出一些回應。律敦治指出，雖然他未能斷言單位落成後的租金金額、動工和落成入住的時間，但是他希望落成後的租金不會和社會人士預期的每月 60 元相距太遠。律敦治強調，香港模範屋宇會的目標一直是盡可能為市民大眾提供低租金的住宅，屋宇會也是一個非牟利組織。興建計劃不但包括住宅，還包括一些康樂設施。如一個籃球場和十個花園地段，有需要的時候或會將部分地段改劃為額外的康樂地帶。[2]

模範邨的興建計劃體現出政府和民間社區人士或團體嘗試合作處理房屋問題。模範邨計劃得到政府和滙豐銀行的支持。[3] 葛量洪在發給上級官員的電報中提到，早在 1949 年，政府就已經和香港模範屋宇會磋商相關事宜。[4] 到了 1950 年 3 月 8 日，葛量洪在立法會會議上介紹模範邨的初步興建計劃。計劃內容是：香港模範屋宇會提供 450 間小型單位，[5] 每個單位會包括兩間房間、廚房、洗衣房和

---

1 *South China Morning Post*, 25 July 1950.

2 *South China Morning Post*, 27 July 1950, 12 August 1950.

3 *South China Morning Post*, 27 July 1950.

4 CO129/627/6, p.28.

5 根據香港模範屋宇會的公開說法，初期的模範邨計劃包括 400 間單位，不是 450 個單位。*South China Morning Post*, 25 July 1950。

洗手間。租金暫定為每個月大約 60 元。整個項目大概需要動用 300 萬元的資金興建，而香港上海滙豐銀行會將這筆資金貸款給香港模範屋宇會。政府將提供一塊 2.5 英畝的地皮，變相間接為香港模範屋宇會提供一筆 125 萬元的資助。葛量洪暗示這個計劃可能只是第一步，政府日後可能繼續推動類似計劃，以緩解香港嚴重的房屋問題。[1] 周錫年也曾在立法會提到，由於香港面對嚴重的房屋供應短缺，香港模範屋宇會的計劃只是緩和房屋問題的第一步。政府需要興建以百倍計的單位以解決房屋問題和為所有人提供住所。[2] 1952 年 3 月 5 日，葛量洪再次在立法會上說明香港模範屋宇會的興建計劃進度。他指出香港模範屋宇會的計劃是一個令人鼓舞的開端，因為首兩座共 100 間的單位即將落成。撇除政府提供的間接資助，整個計劃需要動用 350 萬元。葛量洪亦指出，政府成功向「殖民地發展和福利基金」（Colonial Development and Welfare Fund）申請進一步的房屋興建計劃，並會由香港房屋協會在深水埗進行試驗計劃，租出 270 個單位，[3] 那就是後來眾所周知的上李屋邨。

申請入住模範邨的人士需要符合特定條件：第一，申請人需要在香港連續居住 5 年；第二，申請人需已經結婚並育有一名或以上的子女；第三，申請人的家庭（包括申請人在內）不能超過 5 個人；第四，申請人每個月的收入不能超過 700 元，或全家人的每月收入不能超過 800 元。申請人還需要用英文填寫申請表格，並需要親至香港模範屋宇會的秘書處領取申請表。[4] 從申請記錄可見，申請入住模範邨的市民來自不同的背景，也未必能符合上述申請條件，但

1 Hong Kong Legislative Council, *Hong Kong Hansard*, 8 March 1950, pp.40-41.
2 Hong Kong Legislative Council, *Hong Kong Hansard*, 22 March 1950, p.83.
3 Hong Kong Legislative Council, *Hong Kong Hansard*, 5 March 1952, pp.65-66.
4 *South China Morning Post*, 31 March 1952.

申請人普遍都有着迫切的住屋需要。其中一位申請者的職業是電話接線生，申請入住模範邨的時候有一家 6 口，包括 4 名成人和 2 名子女，當時同住在一間單人房之中。也有一位申請者自稱是銀行文員，一家 4 口居住在筲箕灣某住所的陽台。亦有一位申請者是永安公司的推銷員，他和父母、兄弟姐妹居住在同一間房間。他指出以目前的財政能力只能和家人居住在同一間房間之中。有一位申請者曾經在海軍服役 19 年，一家 8 口居住在筲箕灣一處不適合居住的處所（unsuitable accommodation）。上述的申請者都和家人同住在狹小的空間之中，模範邨對這些市民來說是一個能顯著改善生活環境的理想住所。不過也有例外，其中一名申請者自稱在南洋兄弟煙草公司工作，是一名已結婚、非常年長的市民，但未有交代自己的住屋情況。[1] 從這些申請文件可見，模範邨計劃吸引了不同背景，但普遍都有住屋需要的人士申請入住。綜上所述，模範邨的落成標誌着廉租房屋的開端，同時體現出政府與社區團體合作應對房屋問題的策略。

不過，有市民曾經實地考察模範邨所在之處，發現模範邨落成後可能面對交通不便、等車時間長的問題。這一則報導十分有趣，1952 年 2 月 22 日，一位對模範邨十分感興趣的市民，曾經在早上考察模範邨的情況。這位市民打算考察完模範邨之後去上班。不過，他在早上 8 時 10 分離開模範邨之後，卻未能準時於 9 點整回到上班的地點。他指出經過車站的 5 架巴士和 6 架電車都沒有停下來讓他登車，但這些巴士和電車都不是完全滿座的。結果，他等了起碼 35 分鐘才登上電車，以致未能準時上班。由於大部分市民都不會乘搭的士或者以私家車代步，這位市民建議巴士和電車公司增加派車，

1 HKRS156, 1/2533, folio 6, 11, 13, 15, 19.

讓往後入住模範邨的住戶不會上班遲到。[1]

1952 年 4 月 28 日，葛量洪偕同夫人非正式參觀新落成的模範邨。當時的模範邨包括 2 座 5 層高的建築物，每座建築物有 50 個單位。每個單位包括廳、睡房、廚房、洗手間和淋浴處，月租為 140 元（不包括差餉和稅）。同時，遴選委員會（Selection Committee）忙於評選大約 500 份申請表，選擇適合的申請人入住模範邨。葛量洪與夫人到訪模範邨期間，獲得律敦治、周錫年、麥道軻等人迎接。葛量洪與夫人參觀了模範邨的單位，也對於建築師和董事會成員提供的資訊十分感興趣。其後，葛量洪與夫人還參觀了兩座建築物中間的遊樂場，並了解模範邨未來的擴展計劃。[2]

九龍居民協會與布力架計劃（Braga Scheme）

九龍居民協會（Kowloon Residents' Association）的理事會在 1947 年年中考慮了由布力架（Hugh Braga, 1905-1987）提交的備忘錄。布力架提議成立一個合作社形式的建屋家居協會（Co-Operative Home-Building Society）。理事會認為這會有助於整個社會的發展，因而支持布力架的提議。建屋家居協會（Home-Building Society）打算採取大規模私人建屋的方式緩和房屋供應緊張的問題。任何參加這個計劃的人士需要購買建屋家居協會的股份。計劃以協助市民置業為目標，並說全世界的政府都以協助市民置業為目標。建屋家居協會會向銀行申請貸款興建洋房，而布力架計劃的參加者需要負責繳交首期和後續的還款。[3] 根據 1947 年 7 月 30 日的數據，有 559 人

1 *South China Morning Post*, 23 February 1952.

2 *South China Morning Post*, 29 April 1952.

3 *South China Morning Post*, 9, 17, 29, 30 July 1947.

報名參加建屋家居協會的計劃，其中有 308 名中國人、142 名葡萄牙人、78 名英國人、15 名印度人、10 名俄國人、2 名美國人和 4 名其他國籍的人士。[1]

建屋家居協會的住宅選址涉及不少因素，例如需要提供交通工具，具備食水、電力、煤氣和污水處理服務，不能距離市區太遠。當時符合上述條件的選址包括港島的渣甸山（Jardine's lookout）和窩打老道近九龍塘的九龍仔。計劃亦會提供兩款別墅式洋房（bungalows），分別是面積較大的甲款（ Type A）和相對較小的乙款（Type B）。甲款平房包括車房和工人宿舍，如果在同一地段興建不少於 30 間甲款的平房，每間的成本大約為 $45,000。至於每間乙款平房的成本則大約為 $25,000。這些估價是基於當時的工資和建築材料的價格，但並不包括土地、車道、傢具成本等等。建築計劃會以合乎經濟效益為原則。住所的房間面積會比較小，以減少所需的傢具和人手。同時，項目的設計也會避免有長走廊或通道，以節省所需的空間和成本等等。不過，計劃認為以具有經濟效益的方式建屋不等於廉價建屋，因為廉價建屋會造成日後高昂的維修費，反而得不償失。因此，謹慎設計住所和選擇適當的建築材料才真正符合經濟效益。[2]

布力架指出，他的計劃和其他類似的建屋計劃有三方面的不同：首先，建屋家居協會會參與建屋；第二，這些房屋的買家不能牟利；第三，這個計劃需要得到政府的協助。因此，這個計劃主要是以增加房屋供應為目標。[3] 1947 年 8 月 21 日，建屋家居協會的主席泰利（C.E. Terry）和布力架曾經和工務局局長會面，強調協會

1 *South China Morning Post*, 30 July 1947.
2 *South China Morning Post*, 17 July 1947.
3 *South China Morning Post*, 11 August 1947.

會以合作社的形式運作，而協會的性質是非牟利的。而且，若要成功推動這個建屋計劃，協會需要具備兩大條件：第一，協會需要獲得以優惠的條款長期租賃土地；第二，協會也需要以合理的利息取得必要的資金。不過，工務局長堅尼夫（V. Kenniff）表示，政府不會資助協會推動建屋計劃，因為政府也需要通過借錢的方式籌措這個項目所需的資金。由於協會未能獲得政府資助，協會無法實踐以優惠條款借貸給市民置業的本意。為了籌措項目資金，建屋家居協會的委員會決定將協會擴充為建屋家居與投資協會（Home-Building and Investment Society）。建屋家居協會改成建屋家居及投資協會後包括兩類股東，分別是希望擁有住宅的借款人和投資者。這暗示着投資者會注資項目，變相借款給協會推動布力架計劃。但是，由於借款需要繳交利息，協會就會從布力架計劃的參加者中收取借款額和利息。因此，參加者每月的供款成本會隨着投資者的借款額而定，以償還投資者注資的資金和收取的利息。為了吸引投資者注資，參與建屋計劃的借款人必然會面對較高的成本。由於協會未必能獲得投資者預先注資 90% 的物業成本，計劃的參加者需要繳交 40% 或以上的物業建築成本，才有更大的機會獲得投資者注資。如參加者投入較大額的首期，日後的每月還款利息就會降低。[1] 由此可見，建屋家居及投資協會推動的建屋計劃基本上背離了布力架計劃原本的合作社模式。

布力架計劃的失敗與政府拒絕支持計劃有關。1947 年 7 月 28 日，有 60 位對計劃有興趣的人士參與在聖安德烈堂（St. Andrew's Church）舉行的會議，並回應與會人士的提問。有與會者提出興建別墅式住宅的成本高昂，協會應考慮興建一些半獨立式住宅以降低

1 *South China Morning Post*, 31 August 1947; *South China Morning Post*, 12 September 1947.

成本。布力架在會議上也同意相關建議，並表示會考慮興建半獨立式住宅和公寓大樓。布力架也指出，為了避免投機者炒賣土地，協會暫時不會公佈所有考慮的建屋選址，而報導公開的渣甸山和九龍仔只是其中一些選址。布力架強調，住宅的業主也是該土地的擁有人。如果協會需要向私人業權人購地，每平方呎的價格為 6 元，但如果向政府購入土地，成本只是每平方呎 2 至 4 元。參與會議的收回土地測量（Valuation and Resumption Officer）官員李察信（J.E. Richardson）曾經對布力架計劃作出一些評價：第一，559 位申請者中只有大約 80 人參與這次會議；第二，協會不斷強調以合理價格取得土地的重要性；第三，協會希望獲得年利率 2.5 厘的政府貸款。再且，與會者提出的問題都比較籠統，反映出這些人未必十分熱衷於成為業主。除了李察信外，工務局長跟建屋家居協會的代表會面後，指出這個計劃在財政上未必可行。假設協會以高利息借入建屋計劃的資金，落成的樓宇就需要以更高的價格賣出，未必能吸引很多人參與這個計劃。[1]

除了工務局局長提出的原因，建屋家居協會無法實踐本來的布力架計劃也與計劃的特點有關。布力架提出的建屋計劃只能惠及有一定資產的人士，未能照顧市民大眾的住屋需要。九龍居民協會的主席曾經對計劃的報名情況表示失望，他原本認為理應有更多酒店住客會對擁有自己的住所感興趣，但事實上並非如此。有報導就批評建屋家居協會的計劃未能針對大眾所需，要知道當時所有階層的市民都欠缺足夠的住所，只有很少的人熱衷於參加計劃，在符合計劃要求的情況下成為業主。而且，這些別墅式洋房未能善用有限的土地，而市民亦較希望租住物業多於置業。[2] 背後的原因不難理解，

1 HKRS156-1-794, folio 1, 2, 3, 8, 9.
2 *South China Morning Post*, 30 July 1947.

若代入當時市民的角度來看，市民剛剛經歷完戰事，只希望盡快找到適合的居所，讓自己和家人過上安穩的生活。戰後的香港正處於百廢待興的局面，市民大眾未必有很多的積蓄，置業需要投入不少初始資金，自然並非市民大眾的首選。加上當時不少來港人士都是臨時性，還未決定長久居住。建屋家居協會在戰事結束不久的時候推出布力架計劃，實在未能針對普遍市民的需要。

儘管如此，布力架計劃的合作社模式卻影響了公務員自資建屋模式。政府亦於 1951 立法規範合作社的運作。法例規定了合作社的註冊、責任和特權、權利與責任、物業和資金的處理、審計與監察、解散等不同方面。[1] 雖然建屋家居協會未能貫徹推動布力架計劃的本意，日後政府公務員自資建屋模式可謂繼承了布力架計劃提倡的合作社建屋模式。1950 年代，新加坡政府即通過建屋協會為公務員提供房屋貸款，讓公務員得以置業。而且，新加坡政府也通過資助政府公務員房屋合作社鼓勵置業。[2] 香港的情況也是相似的。根據 1953 年 2 月的報導，政府承諾貸款 500 萬元資助華籍公務員建屋，政府華員會負責處理相關的 1,700 多張申請表格，並會將這些表格送到輔政司署。政府規定這些樓宇需要分為 A、B、C 三類，建築費介乎 8,000 到 18,000 元左右。當然，公務員需要償還向政府借來建屋的貸款，償還年限和金額是按照申請人距離領取退休金（俗稱長糧）的年期而定。報導還舉例說明，假設申請人申請 8,000 元的借貸，還剩 8 年就可以拿退休金，每年就要償還 1,000 元，利息三厘半。申請人需要和政府簽署合同。[3] 以公務員合作社興建的房屋例子眾多，輔政司大衛（E.B. David，1908-1954）也曾考察香港政府公

1 *Co-operative Societies Ordinance*, Chapter 33, revised edition 1964.

2 *South China Morning Post*, 26 October 1954.

3 《工商日報》，1953 年 2 月 24 日。

務員合作建屋社在漆咸道和卑路乍炮台的建屋項目。[1] 在卑路乍炮台舊址興建的項目，就是由香港政府公務員合作建屋社（Hong Kong Civil Servants Co-operative Building Society）承辦的寶翠園公務員房屋（Belcher Gardens Housing Estate for Government servants）。1956 年 12 月 20 日，葛量洪為寶翠園公務員房屋揭幕。香港政府公務員合作建屋社原本已經獲得政府貸款超過 1,600 萬元，提供超過 650 個單位。政府更會考慮向其增加貸款。[2] 不過，參與建屋合作社的公務員亦未必可以享有某些福利。香港薪酬委員會（Hong Kong Salaries Commission）在討論公務員的租金補貼時，提議參與合作社建屋計劃的本地公務員無法同時取得政府的租金補貼。[3] 可見，公務員合作社的建屋計劃得到政府的支持，亦具備布力架計劃的合作社元素。

1950 年代，有 16 名公務員打算向政府申請批地建屋。申請人不乏後來成為社會名流者，如放射科名醫何鴻超（1916-2005）、病理學名醫彭定祥、名大狀余叔韶（1922-2019）等。協會打算註冊為一間有限公司，並希望政府既能給一筆定額的資助支持協會的建屋計劃，也能盡快分配可用作建屋的土地，以便後續諮詢建築師。協會向政府提出三大感興趣的選址，分別是羅便臣道雅賓利大廈（Albany flats）右方，當時為華仁書院足球場的空地，以及麥當勞道和藍塘道一帶。該 16 名申請人希望興建一座分為兩翼，每翼 8 伙的住宅。不過最具成本效益的建築方式是興建兩座分開的大廈，每座設有兩翼，每翼 4 層高，總共也是 16 個單位。至於單位的佈局，協會希望興建三房一廳的單位，每個單位包括 1,700 平方呎的天台。協會希

1 *South China Morning Post*, 4 January 1956.
2 *South China Morning Post*, 21 December 1956.
3 *South China Morning Post*, 25 March 1954.

望以年利率 3.5 厘借款建屋，但在遞交申請的時候未能確定實際的借款利率。申請人不能在未還清借款的時候（或 20 年內，視乎何者的時間較長）轉讓或將物業向第三方作二次按揭。業主逝世後，物業會轉讓給業主的遺產繼承人。在 1952 年 8 月，政府指出這個計劃的問題在於申請人希望利用政府資助興建屬於上流社會的住宅。從這點可知，支持較低收入公務員的建屋計劃會更容易獲得政府資助。[1] 不過，由於首席法官認為這計劃可挽留其部門的人才，多次向港督推介，計劃最終得到了批准，合作社在比雅道建成住宅。合作社則於 1991 年解散，單位可自由買賣。[2]

租屋問題

不難想像，由於不是每個家庭都有能力買樓居住，不少市民會選擇租屋居住。隨着戰後居住在香港的人口越來越多，租屋衍生出的問題也越來越普遍。現今租屋普遍都是通過地產經紀與業主聯絡，但以前有不少人是通過二房東（俗稱「包租公」或「包租婆」）間接向業主租屋。二房東是指向業主直接租用房屋，然後向其他人轉租的中間人。不少二房東會承租多於一間物業，並通過炒賣投機賺取更多利潤。有些二房東還會收取大約相當於戰前兩倍到三倍的租金。[3] 房屋問題既增加市民的生活成本，又會對重建戰後香港的社會秩序構成障礙。從報章報導可見，戰後間中有因租屋問題引起衝突，例如租客或會因二房東濫收租金而發生衝突、[4] 二房東也會為了

1 HKRS156-1-2486, folio 1, 2, 3, 4, 5, Appendix A.

2 Civil Service Bureau - Information and News: LCQ16: Civil Servants' Co-operative Building Societies, January 2023 Appendix 1.

3 *South China Morning Post*, 19 July 1946.

4 《工商日報》，1949 年 6 月 18 日。

漲租而以各種方法迫走現有的租客等等。[1]

在電影或電視節目裏，「包租公」、「包租婆」的形象更是深入市民的心中。二房東與租客之間的衝突無疑反映了香港在戰後面對的房屋緊張問題。一本 1947 年 2 月出版的刊物反映了戰後的房屋問題有多嚴重。人口增加導致住屋需求有所上升，加上當時的住宅供應十分有限，人們為了盡快獲得住所，便會以高價向業主或二房東租樓。業主和二房東考慮到租金利益，或會以各種方法迫走現有的租客。即使當時有法例規定業主和二房東的收租額，但是由於住宅租金普遍都非常昂貴，住客不會提告業主或二房東濫收租金，另覓居所也是要付高昂的成本。鞋金、頂手費成為二房東變相濫收租戶租金的名目。[2] 因此，租客、二房東和業主之間常常出現糾紛。

實際上，太平洋戰爭結束後，政府一直嘗試處理租屋引發的問題。軍政府在 1945 年 10 月委任廖亞孖打、羅文惠、律敦治和嘉利是皮（R.D. Gillespie）組成租務委員會（Rent Committee），並由廖亞孖打擔任主席。委員會負責向總民事主任（Chief Civil Affairs Officer）提出關於成立租務法庭的建議、監察租屋法庭的工作等等。華民政務司也會協助委員會的工作。[3] 1946 年 3 月，政府刊憲宣佈修改業主與租客公告（Landlord and Tenant Proclamation），新的公告包括不少關於業主、租戶和二房東權責的條款，例如業主不能向租戶收取比戰前高的租金。報章曾舉例說明，假如業主在 1941 年 11 月向租戶收取每月 100 元的租金，戰後就不能收取每月 101 元的租金，否則就是違法。[4] 法例規定，二房東不得向租客收取高於原有

---

1 《工商晚報》，1948 年 9 月 22 日。

2 《復員的香港》（1947 年 2 月），頁 8、28-31。

3 *South China Morning Post*, 27 October 1945.

4 *South China Morning Post*, 3 March 1946.

租值 20% 的租金，同時需要張貼標明租值的告示。[1]

1946 年 8 月，業主與租戶委員會（Landlord and Tenant Committee）曾經向公眾徵求意見。[2] 到 1946 年 11 月，業主與租戶委員會發表調查報告，提出多項修訂租務條例的建議。例如，當住戶沒有遵守租約條件的時候，租務法庭可要求住戶遷出該住宅。二房東必須為租客提供租金收據。同時，政府應允許業主取消二房東與分租租客的合約，換言之租客或可以直接向業主交租。委員會亦建議政府在華民政務司署設立一個部門，由具備法律知識的官員負責。租客需要向有關部門提供任何干犯租務條例的證據。而且，政府有必要整合現有有關租務條例的法例。而引起爭議的建議包括允許加租。[3] 其後，政府三讀通過了新的租務條例。[4] 華民政務司署亦協助執行新推出的租務法例。在 1947 年，華民政務司署設立屋租調查處，協助實施租務法例。[5] 1948 年有報導指出，租客曾經向華民政務司署投訴二房東濫收租金。[6]

戰後成立的租務法庭處理了不少租屋相關的糾紛。1945 年 11 月底，政府公佈租務法庭的小組成員名單。[7] 1945 年 12 月 3 日，政府在港島的最高法院大樓內的地下和九龍裁判法院（Kowloon Magistracy）一樓開設租務法庭（Tenancy Tribunals）的辦公場所，分別專責處理港島和九龍的租務糾紛。[8] 政府憲報說明，租務法庭的

---

1 *South China Morning Post*, 19 July 1946；《工商晚報》，1946 年 10 月 17 日。

2 *South China Morning Post*, 1 August 1946, 8 August 1946.

3 *South China Morning Post*, 19 November 1946；《復員的香港》（1947 年 2 月），頁 28、29、31。

4 Hong Kong Legislative Council, *Hong Kong Hansard*, 10 April 1947, 24 April 1947, 22 May 1947.

5 《工商晚報》，1947 年 9 月 11 日。

6 《工商晚報》，1948 年 9 月 22 日。

7 *South China Morning Post*, 27 November 1945.

8 *South China Morning Post*, 3 December 1945.

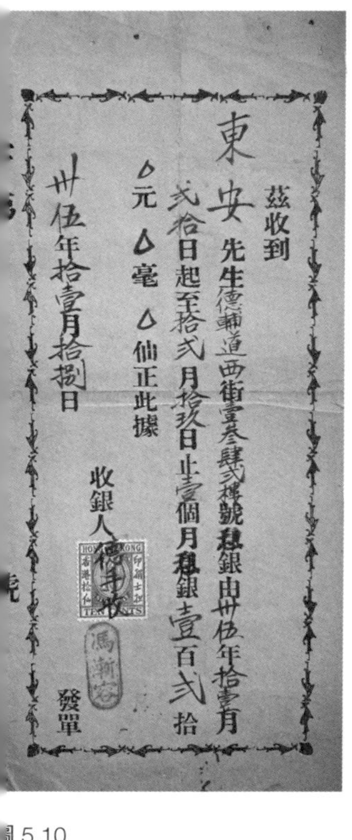
茲收到
東安 先生德輔道西街壹叁肆弍樓號租銀由卅伍年拾壹月
弍拾日起至拾弍月拾玖日止壹個月租銀壹百弍拾
△元 △毫 △仙正此據
卅伍年拾壹月拾捌日
收銀人
發單

圖 5.10

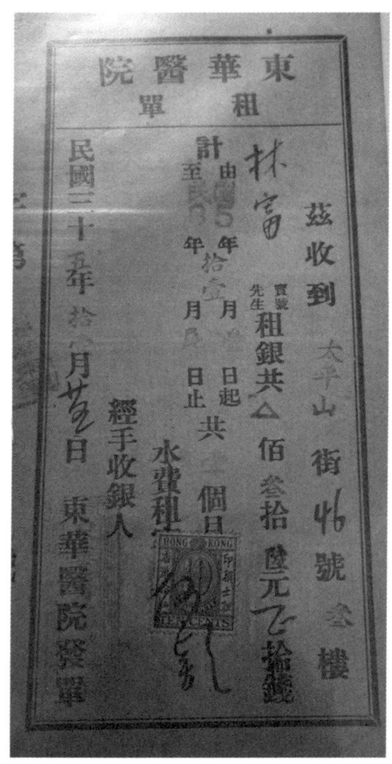
東華醫院
租單
茲收到 林富 寶號先生 太平山街 號叁樓
租銀共△佰叁拾壹元 拾錢
計由 年 月 日起
至 年拾壹月 日止 共 個月
水費租
經手收銀人
民國三十五年拾 月廿 日
東華醫院發單

圖 5.11

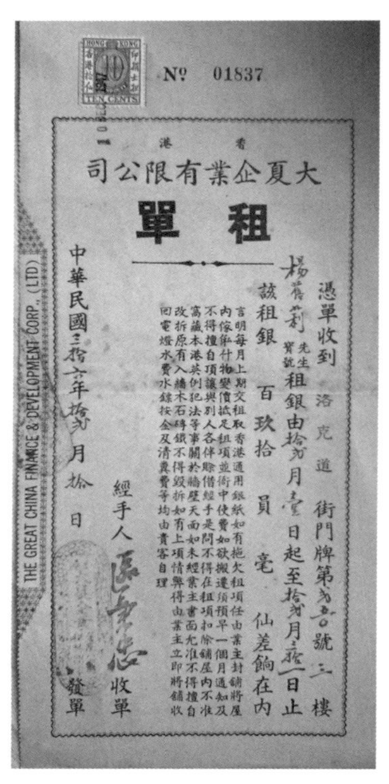
№ 01837
香港
大夏企業有限公司
租單
憑單收到 楊蒼莉 先生寶號 洛克道 街門牌第 號三樓
該租銀 百玖拾 員 毫 仙 差餉在內
租銀由拾 月壹日起至拾 月 日止
中華民國三拾六年拾 月拾 日
經手人 收單
發單
THE GREAT CHINA FINANCE & DEVELOPMENT CORP., (LTD)

圖 5.12

成員和翻譯員需要宣誓。[1] 租務法庭的權力包括要求搬遷、調整租金、處理業主和租戶之間的各項糾紛。[2] 截至 1946 年 3 月 31 日，租務法庭總共收到了 569 份提告，其中 373 宗已經完成處理。[3] 租務法庭處理的案件種類繁多，有關二房東的包括沒有張貼租單、濫收租金、拒絕向租戶提供租金收據等等。[4] 值得一提的是，租務法庭其實是土地審裁處的前身，為處理戰後的租屋糾紛作出貢獻。在 1947 年

1 *South China Morning Post*, 23 December 1945.
2 CO129/595/9, p.30.
3 CO129/595/9, p.56.
4 《工商晚報》，1947 年 9 月 11 日。

5 月的立法會會議期間，麥道高在立法會三讀通過修訂後的租屋條例之後，曾感謝租務委員會和租務法庭的成員作出的貢獻。[1] 圖 5.10 是一張 1946 年小業主住宅租金收據，圖 5.11 是一張 1946 年東華醫院物業租金收據。租單上貼有「事擔」（stamp），顯然是一張合法的合約受租務條例保護。圖 5.12 是一張 1947 年大廈企業有限公司物業租金收據，內列出多項使用物業條款，可見到租務條例所發揮的影響。香港低收入人士開始認識、了解和習慣合約模式替代口頭合約的「牙齒當金使」！

利園山計劃

在興建私人房屋方面，戰後的利園山計劃是一個成功的樣板，促進了社區的發展。利園山前稱為渣甸山。1923 年，利希慎（Hysan Lee，1879-1928）以公司名義向渣甸洋行購買渣甸山的土地，其後改稱為利園山。[2] 戰爭結束後，利希慎置業公司（今天的希慎興業有限公司）打算將利園山發展為現代化的商業區和住宅區，並興建了新寧招待所、使館大廈等建築物、兩座泳池等等，整個平整計劃預計在 1952 年年底完成。山泥會用作銅鑼灣避風塘的填料。渣甸洋行也將軒尼詩道的舊貨艙出售，用作興建住宅，但會在沿海地段興建新的貨艙。隨着利園山平整計劃逐步落實，日後也會有新的街道規劃。[3] 1953 年 5 月 22 日，政府刊憲宣佈利園山的街道更名事宜，例如北平道（Peiping Road）改稱為恩平道（Yun Ping Road）；怡和

1 Hong Kong Legislative Council, *Hong Kong Hansard*, 22 May 1947.
2 《工商日報》，1949 年 5 月 7 日；*South China Morning Post*, 20 February 1929。
3 《工商日報》，1952 年 6 月 28 日。

山街（Ewo Hill Street）改稱為利園道（Lee Garden Road）等等。[1] 1949 年 5 月，利園山整個地區的面積達 40 多萬平方呎，通過平整工程已經開闢了其中大約 10 萬平方呎，餘下的 30 多萬平方呎土地能興建 6 至 7 座大廈。在未發現利園山山泥的價值之前，業權人曾將山泥交給一位梁姓老員工幫忙處理，他需要支付開掘工人的工資。其後，這些山泥被發現非常適合用作建築批盪用途，梁姓員工因而能從中獲利，以每車 7 元的價格賣出山泥。[2]

到了 1954 年 7 月，利園山鄰近電車路的車路的平整計劃還未完成。不過，當時已經準備開展工程，興建佔地 9000 平方呎、樓高 15 層、高達 173 呎、總容積達 80 萬立方呎的大廈，落成後會是香港當時最高的住宅。利氏亦打算在此地興建 26 座 6 層高的大廈，以及一座 20 層高的大廈。[3] 1955 年 2 月，利園山的商業和住宅區建成了不少新的住宅，例如白沙街有 20 間、梅芳街有 24 間，大部分為 5 層高的樓宇，總共有近 200 層。[4] 1955 年 3 月，利園山只剩下一幅面向軒尼詩道的擋土牆，可見平整工程進展順利。建築公司的經理指出，在過去的 15 個月，建築工人挖掘了大約 15 萬噸花崗岩，不少都被打碎並以不同形式售出。30 萬立方碼的本地花崗石（decomposed granite）和沙泥則被用於中環和銅鑼灣填海工程。不少興建在利園商業及住宅區的建築物都是使用利園山挖掘出來的花崗石建成。[5]

利園山計劃讓銅鑼灣成為當時十分現代化的商住區。1949 年 4 月 28 日，一場招待會在新落成、位於利舞台附近的新寧樓（Sunning

1 *South China Morning Post*, 23 May 1953.
2 《工商日報》，1949 年 5 月 7 日。
3 《工商日報》，1954 年 7 月 6 日。
4 《工商日報》，1955 年 2 月 7 日。
5 *South China Morning Post*, 8 March 1955.

House）舉行，與會者包括不少社會名流，例如國泰（Cathay Enterprises）的董事、香港中國旅行社的管理層。從新寧樓的廣告可見，新寧樓設有 60 間酒店房間，大部分內設私人浴室和電話。新寧樓也有中餐廳、酒吧、美容院。另外，新寧樓的廣告還標榜中餐廳內有四川菜，由來自重慶的大廚主理。[1] 1951 年 4 月，利園山平整工程已經完成了一半。同時，利氏家族也開展了不少建築工程。1950 年 10 月的報導指出，利希慎置業公司投資的使館大廈樓高 11 層，位於新寧招待所的側面。大廈的背後設計為 U 形，方便採光和通風。據報將有不少使館會遷入這座大廈。到 1951 年 4 月，這座大廈會提供 15 個兩房一組的公寓，還提供 15 個五房一組的公寓。[2] 1951 年 6 月 5 日，利銘澤在使館大廈舉行酒會，廣邀社會名流，蔣法賢（1903-1974）、黃世河、馮秉芬（1911-2002）、關祖堯（1907-1971）、李樹芬（1887-1966）、李樹培（1903-2005）等幾百人都有參加酒會。[3]

位於禮頓道和希慎道交界的蟾宮大廈是利園山平整計劃中最著名的大廈之一。蟾宮大廈樓高 17 層，由 1956 年 4 月開始興建，預計需要 15 個月完成工程，建築費用為 300 萬元。立信置業公司是蟾宮大廈的業主。[4] 1957 年 12 月，蟾宮大廈落成入伙，是當時全港最高的大廈。蟾宮大廈內設三部名牌電梯，還具備冷暖溫度調節器，設備十分先進。大廈亦包括提供冷熱水的水喉、煤氣、粗幼電線和電話設備。單位的門都是柚木門，還鋪設有一寸厚的柚木地板。在當時來說，蟾宮大廈的設施算是非常完備，因此大廈的單位深受買家歡迎。早在大廈未動工之前，大部分單位就被買家一掃而空。

1 *South China Morning Post*, 29 April 1949, 1 May 1949.
2 《工商日報》，1950 年 10 月 8 日、1951 年 4 月 16 日。
3 《工商日報》，1951 年 6 月 7 日。
4 《大公報》，1956 年 3 月 26 日。

落成入伙的時候只有數間位於 2 樓的寫字樓單位和一間舖位還未售出。[1] 總括來說，利園山計劃成功增加了私人樓宇的供應，有助銅鑼灣商住區的形成。

小結

回顧歷史，房屋供應不足似乎不是新鮮事。政府、私人企業和社區團體也曾經從不同方面入手，嘗試在戰後增加香港的房屋供應。從上述個案可見，戰後增加房屋供應的措施主要有幾條路線，包括政府與私人和非牟利團體合作、官民的合作社模式和私人建屋計劃。影響最為深遠的是政府以優惠地價和低息貸款支助非牟利的房屋協會在上李屋邨試驗成功，藉助專業物業管理人才取得收支平衡。直至今天，非牟利的房屋協會仍在繼續提供廉價租屋給有穩定收入的「打工仔」，促進了社會的整體發展。這不但開拓了新的房屋市場，創造了物業管理職位，培訓出一批新專業人員，也使「打工仔」能以廉價租金獲得較為理想的居住環境，甚至改變他們的人生。1981 年，上李屋邨其中一名住戶容尚佳成為會考九優狀元，而當時會考考試最多只可以報考九科。[2] 這就是屋邨也能讓住戶向上流動的例證。政府於 1953 年石硤尾大火後自行興建的徙置區和「七層大廈」，及後來的廉租屋村，都是在大型物業管理下成功的例子，房屋署今天已成為全港最大的物業管理機構。石硤尾徙置區的美荷樓，今天也成為遊客的「打卡點」。

模範邨的例子則展現出政府與香港模範屋宇會合作應對房屋問題的努力。布力架計劃的合作社模式，與早期公務員自資方式大致

1 《工商日報》，1957 年 12 月 19 日。
2 《工商晚報》，1981 年 8 月 12 日。

相同。在私人建屋方面，利氏家族剷平利園山的建屋規劃為銅鑼灣商業和住宅區的形成提供了有利條件。官民合作一直是有效的建屋策略，而私人建屋計劃方面，利園山計劃比起布力架計劃取得更明顯的成效。這些例子說明，社會上不同的持分者一直都在積極探索增加香港房屋供應的策略和方法，以紓解歷久常新的房屋供應不足難題。

06

社會福利政策（二）——教育政策

戰爭剛剛結束之後，香港社會各領域百廢待興，培育人才是推動戰後重建的重要支柱。戰後香港的教育服務呈現持續擴張的狀態，不僅有數量上的提升，還增加了教育服務類型。一方面，政府更加關注中文教育，充實師資力量；另一方面也根據當時社會的需要，大力推動工業教育、成人教育等，極大地提升了勞動力素質，為香港經濟騰飛奠定良好基礎。

談起香港的教育發展歷史，讀者很容易就會聯想起上世紀 70 年代的普及教育政策。不過，實際上政府在戰事結束後定下的方針、推動的政策研究和戰後的教育發展有着明顯的關係。三年零八個月的日據時期，在香港讀書的學童數量由 12 萬下降至 7,000 人。戰爭還造成校舍、圖書館、課本、學校傢具損毀或損失等問題，對重建香港的教育體系構成一定困難。例如，校舍不足的問題會妨礙增設學校的進度。加上，戰爭造成教育局的人手和老師短缺，同時有不少教育局的官員進入退休年齡。[1] 正如香港大學教育學院的高級講師韋路斯（P.D. Reynolds）所提到，戰後香港的教育服務是持續擴張的狀態，不但是數量上的提升，還增加了教育服務類型。[2] 教育事關未來的人才供應，尤其是在戰爭剛剛結束之後，政府需要推動不同方面的重建工作，教育工作無疑是十分重要的一環。

---

1 Annual report of the Education Department for the year 1st May 1946 to 31st March 1947, pp.5-7; *South China Morning Post*, 17 January 1946.

2 P.D. Reynolds, "Hong Kong Education: Organization and Expansion," in John F. Jones ed., *The Common Welfare Hong Kong's Social Services*（Hong Kong: The Chinese University Press, 1981）, p. 42.

戰後的教育政策方針

戰前，政府傾向通過資助英文教育的方式規劃教育制度，尤其是在中學教育的層面。因此，中文小學教育則主要由私立學校負責，政府並沒有參與太多。在戰爭結束後，政府希望在中小學的中文教育方面參與更多。為此，政府開辦了更多的官立中文學校（government vernacular schools），增加對中文教育服務的補貼，並開辦了一所新的中文教育師範學院，以便從不同方面推動中文教育的發展。未來的計劃包括在十年內成立 50 所官立中文學校，其中 20 所位於鄉村，30 所位於比較都市化的區域。十年後，政府會再推動成立 50 所官立中文學校。政府成立這些學校的目的，是要打破私立學校對中文教育的壟斷，提供更多學位應對戰後的「嬰兒潮」，原因是當時這些學校的學費普遍較為高而適齡學童又大增。政府提到，主要的政策方針包括增加師訓的範圍和內容，讓本地的官員和老師在教育系統之中取得較高的職級和薪酬。與此同時，政府也希望提高學校職員和校舍的質素，為草根基層出身的兒童提供免費的實用教育（practical education）等等。[1]

其後，「殖民地發展和福利委員會」（Colonial Development and Welfare Committee）轄下的教育與文化附屬委員會（Education and Cultural Sub-Committee）在 1947 年 8 月遞交報告，闡述有關戰後教育和文化政策的初步發展方向。委員會的主席為教育署長羅威（T. R. Rowell, 1896-1974）。報告提到，政府的政策大方向應該是提供足夠的小學教育。政府需要加強參與中文小學教育（primary vernacular education），包括興建校舍、增建培訓老師的設施、培訓

1 Annual report of the Education Department for the year 1st May 1946 to 31st March 1947, pp.30-32.

以英文授課的老師等等。主要目標包括：為所有在香港永久居住的兒童提供教育配套，提升校舍和教育服務的標準，停辦不合適的私立學校。政府也需要提供農業訓練，盡快擴充工業教育（Technical Education）和興建現代學校。政府打算引入學校無線電廣播（School Broadcasts）服務，並獲得廣播委員會（Broadcast Committee）和英國廣播公司（British Broadcasting Corporation）支持實施試驗計劃。政府會將廣播接收器放置在個別的新界學校，為個別成人教育課程提供廣播節目。報告亦建議，從數個方面擴大官立夜校（Evening Institute）的教學課程範圍，提供更加廣泛的教育服務，包括改善在職僱員的工作效率和教育水平，提供中國和英國文學、語音學、衛生等教學課程、船塢及工程相關的職業教育，為未受教育的鄉村成人提供教育。所有有意成為教師的人士都必須進入教育學院受訓。[1]

政府在戰後積極發展小學教育。政府在 1948-1949 年已經強調官立中學日後不會再開辦小學的班別。[2] 自 1951 年 9 月起，官立學校的小學和中學教育有了更明確的區分，每種教育服務都提供為期 6 年的課程。到當時為止，部分是小學、部分是只提供初中的學校（junior Anglo-Chinese schools）變成僅提供小學教育服務。在 6 年小學課程結束時，政府會舉行香港小學六年級會考（Joint Primary 6 Examination），俗稱「升中試」[3]，以決定學生升讀中文官立中學或是英文官立中學，還是終止學業。[4] 教科書方面，政府在 1948-1949 年度緩解了戰後教科書供應不足的問題。雖然政府沒有為學生購買教科書提供財政資助，但是會為老師購買教師用書和參考書提供每名

1 HKRS41-1-3326, folio 1.
2 Annual report of the Education Department for the year 1948/9, p.29.
3 1962 年改為中學入學試，但俗稱仍叫「升中試」。
4 Annual report of the Education Department for the year 1953-1954, p.4.

學生一元的資助。學生需要根據學校的指引，自行到書店購買教科書。而且，政府也會向官立學校的圖書館提供微薄的資助。[1]

選取甚麼課本亦是當時重要的一環，根據英國於 1939 年 8 月的指引，要成立審查小組審批教科書本。當中列出七大理由可以反對使用教科書，其中除了錯誤之外，還有一點就是價錢太貴。由於各地情況不同，有很多書本無法全部從英國採用，所以他們鼓勵本地教育署官員撰寫，但有一前提條件就是他們不能收版權稅，只能收回成本開支，以一筆過款項為原則。[2] 小學公民科就是一個好的例子，由於稅務、社會利益和衛生等問題需要藉助教育進行教導，所以在公民科內亦有不少這方面內容，如介紹納稅的意義和稅制、社會福利和基礎建設等，甚至在某一章列出了亞拔高比城市規劃報告！作者是當年的教育署官員羅宗淦先生。[3] 見圖 6.1。

1950 年 10 月，英國曼徹斯特市的總教育官（Chief Education Officer）費沙（N.G. Fisher）來到香港，進行關於政府在教育支出方面的評估工作，評估當時的教育支出是否最具成本效益，並提出相應的建議。在擬備報告的過程中，政府把正在討論的十年教育規劃草案（Ten Year Plan）納入考慮。該報告提出了不少建議，包括在 7 年內增加 30,000 個學額。報告也建議，應大量增加師範學院，訓練更多教師投身教育行業。政府將為民辦（私立）學校（Voluntary School）補助成本，而更多的學校將被納入補助範圍（Subsidy Code）之中。政府打算每年興建 5 所新的官立小學，小學教育將成為教育制度的其中一個部分。與此同時，政府有意積極推動工業教育，並發展體育課程。政府已經實行這份報告中的部分建議，可見

1 Annual report of the Education Department for the year 1948/9, p.23.

2 HKRS41-1-5032, folio 4.

3 羅宗淦：《香港公民課本》全 12 冊（香港：香港文化服務社，1951 年）。

圖 6.1

的影響包括小學入學率有所提高、入讀師範學院或參加特別訓練課程的教師數量增加、津貼學校數量大幅增加，以及教師的薪酬待遇有所改善。[1] 費沙的報告包括數個部分，提到香港當時的教育服務發展、教育開支、政府學校、民辦（私立）學校和其他學校的開支分配、政府對民辦（私立）學校的資助、檢視支出的分配、招募和培訓老師等等。報告建議，增加對官立小學的資助、減低對津貼學校津貼的資助，但亦不能減少中學的學位數量。官立學校和津貼學校

1 Annual report of the Education Department for the year 1953-1954, pp.3-4.

需要明確將小學和中學的部門分開等等。這份報告為戰後教育發展指出了明確的方向。[1]

高等教育方面，由祈士域（John Keswick, 1881-1943）任主席的高等教育委員會（Committee on Higher Education）的報告（俗稱祈士域報告），提出了不少關於高等教育發展的建議。1951 年 10 月，政府委任高等教育委員會研究高等教育發展的需求和相應的措施等一連串問題。委員會的主席為祈士域，成員包括馮秉芬（1911-2002）、林子豐（1892-1971）、利銘澤（1905-1983）、摩根（L.G. Morgan）、派士利教授（K.E. Priestley）和秘書麥理蘭（D. McLellan）。委員會認為，教育服務需求有兩個來源，包括學生對於高等教育服務的需求，以及僱主和社會對於高等教育服務畢業生的需求。

委員會的報告提出了不少建議，對高等教育發展有一定影響。首先，大學應盡快提供以中文為教學語言的學位課程（full degree courses）。為了讓更多適合的學生成功入讀大學，委員會建議政府應在考慮社會需求和學生的財政負擔之後，為學生提供適切的財政援助。既然有獎學金資助以英文為授課語言的大學課程，以中文為授課語言的課程同樣應該提供獎學金，讓有需要的學生申請。為了滿足更多大學學生的住宿需求，大學有必要興建更多宿舍。研究方面，香港大學應該加強對中國的研究（Chinese Studies）和教育方面的研究。委員會也建議，香港大學應成立遠東研究學院（Institute of Far Eastern Studies）；香港大學出版社也應獲得資助，將更多英文著作翻譯成中文，並支持這些著作的出版工作。師資培訓方面，委員會建議增加羅富國師範學院和葛量洪師範學院的學生名額一倍，以達致每年供應 300 位非學位老師（non-graduate teacher）的目

1 HKRS163-1-1351, folio 1.

標。為了達成每年供應 50 個學位老師（graduate teacher）的目標，政府也應該向適合的學生提供免息貸款和獎學金，以畢業後在學校任教一定年期作為提供免息貸款和獎學金的附帶條件，鼓勵適合的學生入讀學位和文憑課程。而且，政府有需要調整薪級表，吸引更多人加入教育行業等等。[1] 這份報告書反映出政府對戰後的高等教育發展方向有初步了解。

重開學校和辦學模式

自從太平洋戰爭爆發，香港就沒有興建新的學校。[2] 加上，戰爭造成不少校舍損毀，缺乏足夠校舍自然就難以開展教育工作。在戰爭結束後，只有部分學校能馬上繼續營運。1945 年 10 月 6 日，皇仁書院的校舍仍然有待重建。庇理羅士女子中學的校舍同樣遭受明顯的損毀，但很快就會在般咸道的羅富國師範學院重開。還有兩所政府學校會在油麻地和灣仔重開。當時只有華仁書院一所男校重開，女校則包括聖士提反書院、拔萃女書院（曾短暫為拔萃男書院的學生提供教育）、聖保祿修院學校（French Convent）、英華女學校、聖保羅女校（St. Paul Girls College，其後的 St. Paul's Co-educational College）[3]、嘉諾撒聖心書院（Sacred Heart Canossian College）和嘉諾撒聖瑪利書院（St. Mary's）。[4] 戰爭結束初期，由於校舍不足的狀況十分普遍，當時有幾間學校同時借用羅富國師範學院的校舍上課，

1 Report of the Committee on Higher Education in Hong Kong, 1952, iii-p.50.

2 CO 129/629/8, 132.

3 由於聖保羅男校校長未能趕及回港，首位華籍女士獲 M.B.E. 的胡素貞校長決定收男生，成為香港首間男女校（見 *South China Morning Post and the Hongkong Telegraph*, 20 July 1946）。

4 *South China Morning Post and the Hongkong Telegraph*, 6 October 1945.

學費單也是以羅富國師範學院的名義印發。[1]

1945 年 11 月，油麻地官立學校在彌敦道 610 號重開，學費和 1941 年一樣。[2] 1945 年 12 月 3 日，政府通過報紙招標，邀請承辦商入標為學校供應桌子和椅子。[3] 到了 1947 年 3 月，香港的學童人數已接近 10 萬人，分佈在 500 多間學校。由於沒有足夠的校舍，不少學校需要共用同一座學校上課，分上、下午班，有些更要開設夜學。[4] 到 1948 年底，在學校讀書的學童人數上升到大約 11 萬，與 1941 年的數量大致相當。雖然學童人數大致相當，但在政府學校或政府資助學校就讀學童的上課率比戰前的高，私立學校學童的上課率則較低。[5] 1949 年 12 月，政府曾估算適齡接受教育的軍人家庭子女將會在 1950 年年底超過軍部學校（Army Schools）可容納的學生數量。根據估算，屆時會有 348 名介乎 5 到 11 歲、34 名 11 歲以上的軍人家庭子女無法入學讀書。於是，政府決定興建半筒型鐵皮屋（nissem huts）以充臨時校舍（圖 6.2 是半筒型鐵皮屋），在未來 5 年為 400 名學童提供教育服務。1952 年，教育司署署長指出，軍人家庭子女只能在兩個條件下入讀英皇佐治五世學校（Kings George V School），第一是這些學童不可以減低合資格英童的入讀機會；第二是學童的能力需要符合英皇佐治五世學校的入學標準。政府不能保證每年讓軍人子女入讀英皇佐治五世學校的名額。[6]

校舍不足問題持續影響到戰後的教育發展。有 18 間政府學校在 12 座建築物上課，其中有 6 間建築物分別在上午和下午同日容納兩

---

1 參見圖 6.4。

2 *South China Morning Post and the Hongkong Telegraph*, 9 November 1945.

3 *South China Morning Post and the Hongkong Telegraph*, 3 December 1945.

4 Annual report of the Education Department for the year 1st May 1946 to 31st March 1947, p.6.

5 CO 129/629/8, 132.

6 HKRS41-1-5037, folio 1-6.

圖 6.2

間學校。[1] 庇利羅氏女校就曾經在羅富國師範校舍上課，圖 6.3 是校舍。羅富國師範學院附屬小學是香港中文小學的模範學校，很多當代的教育新法都在這學校推行 [2]，圖 6.4 為學費收據。到了 1953-1954 財政年度，學童數量進一步上升到超過 22 萬人。[3] 由於徙置區有大量寮屋人口，這些市民同樣有教育需求。政府注意到這個情況，但難以在資源有限的情況下大規模興建學校。於是，政府決定找私人團體捐助建築物的一半的資本成本和一部分經常開支。按照這個模式，京士柏、東頭邨和牛頭角新落成了幾間學校，每間學校有 6 個班，能以上、下午上課的形式為 500 名學生提供教育服務。還有一所設有 8 個課室、能為 650 名學生提供教育服務的學校在柴灣開辦。瑪利諾修女（The Maryknoll Sisters）負責位於柴灣和京士柏的

1 Annual report of the Education Department for the year 1st May 1946 to 31st March 1947, p.12.
2 *South China Morning Post*, 21 December 1950.
3 Annual report of the Education Department for the year 1953-1954, p.2.

圖 6.3

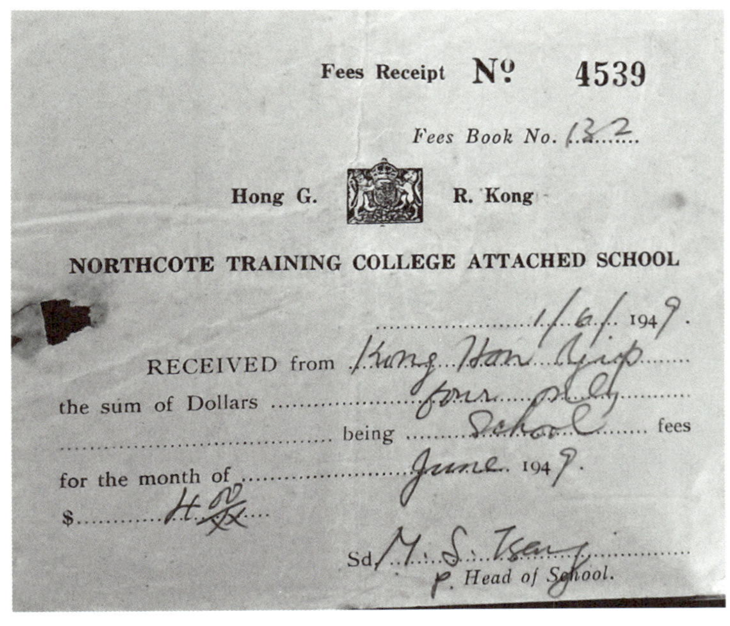

Fees Receipt No 4539

Fees Book No. 132

Hong G. R. Kong

NORTHCOTE TRAINING COLLEGE ATTACHED SCHOOL

1/6/ 1949.

RECEIVED from Kong Han Yip

the sum of Dollars four only

being School fees

for the month of June 1949.

$ H.4/xx

Sd M. S. Tsang
p. Head of School.

圖 6.4

學校；瑪利諾神父（The Maryknoll Fathers）則負責位於東頭邨和牛頭角的學校。[1]

同時，政府在戰後開辦了新的學校，例如在長洲、大澳、香港仔、筲箕灣等漁業中心為漁民的子女開辦學校。而且，政府計劃在粉嶺興建新的師範學校訓練老師，並會在大埔附近興建新的學校。粉嶺也會有一所新的寄宿中學落成。政府也打算在屏山航空區興建新學校，讓受到屏山機場工程影響的村民子女獲得教育機會。教育署的規劃也包括大嶼山和南丫島在內。此外，元朗、大埔及長洲的官立學校也即將重開。[2] 無疑，戰爭結束後，教育服務依然處於供不應求的狀態。考慮到草根家庭的子女也應有接受教育的機會，戰後還出現了不少天台學校，主要為草根階層提供教育服務，讓更多人得以接受教育。

戰後有不少辦學團體積極興辦學校，為更多人提供教育機會。其中一個例子就是勞工子弟學校。1946 年，何明華會督召集不同工人團體的領袖，成立港九勞工子弟教育促進會，為勞工子弟提供工業教育。何明華會督和施玉麒牧師（1904-1979）等人通過舉辦義務演出，籌集辦學經費。[3] 1947 年 1 月 11 日，促進會又通過賣花籌集辦學經費，所得大約 4 萬多元。促進會預計在 2 月中可以開辦一部分學校。日後的學校校址或會由 7 個工會借出，分為上午和下午兩班，為大約 1,000 名勞工子弟學生提供教育服務。[4] 1947 年 2 月 21 日，10 間勞工子弟學校同時開學，以工會為臨時校舍。灣仔有 6 間學校，旺角有 3 間，筲箕灣有 1 間。每個月的學費 2 元，開辦小學

1 Hong Kong Annual Departmental Report by the Director of Education for the financial year 1953/4, p.7.
2 *South China Morning Post & the Hongkong Telegraph*, 17 January 1946.
3 《香港工商日報》，1946 年 10 月 20 日。
4 《工商晚報》，1947 年 1 月 27 日。

三班。[1] 政府每季補貼大約 10,000 到 15,000 元，學校也曾經向政府申請增加補貼。[2] 不過，政府到 1949 年 8 月底取消補貼勞工子弟學校，並吊銷勞工子弟學校的註冊。政府在軒尼詩道興辦了一所新校，收容無法繼續就讀於勞工子弟學校的學生。[3] 除了勞工團體外，救世軍、佛教和道教團體、街坊福利會、鮮魚行、建造商會和兩大船塢都紛紛響應辦學。後期還發展至利用廉租屋天台作為校舍，俗稱「天台學校」，成為 1960 年代香港特色遊客必到的「打卡點」。圖 6.5 是「天台學校」。圖 6.6 是「天台學校」遊樂場。圖 6.7 是上課時情景。

師資培訓

除了應付校舍不足的困難，政府也需要應對老師不足的問題，師資訓練因而成為政府的關注點之一。其中，1946 年 3 月重開的羅富國師範學院有助訓練更多合資格教師，重建教育系統。羅富國師範學院開辦的是兩年的證書課程。如果報讀以英文為授課語言的訓練課程，申請人需要具備一定英文能力。學院也提供課程讓希望在中文中學任教的申請人入讀。學院的課程包括必修的教育理論和應用、體育和語言（中文或英文）。選修科目包括數學、綜合科學（General Science）、歷史、地理、音樂、手工藝（Art and crafts）和家政（Domestic Science）。最早的學生是那些在 1941 年 12 月完成第一學期的學生。而那些已經進入第二學期，但因戰事未能繼續學業的學生，獲准被派往不同政府或資助學校擔任教師，並會在 7 月

1 《香港工商日報》，1947 年 2 月 20 日。
2 《大公報》，1948 年 12 月 4 日。
3 《華僑日報》，1949 年 6 月 10 日。

圖 6.5

圖 6.6

圖 6.7

和 8 月完成非常緊密的課程，完成後會獲頒發證書。到了 1946 年 9 月，羅富國師範學院的收生情況不及預期，原因是不少人認為投身商界的就業前景更好，且師範學院也缺乏合乎教育水平的教材。[1] 在 1947-1948 年度，羅富國師範學院是一座 3 層高的建築物，有 6 間課室，還有其他的設施例如圖書館、閱讀室、實驗室等等。羅富國師範學院在 1947-1948 年度錄取了總共 72 名學生，還在 1947 年 8 月 5 日到 30 日為不合資格的教師舉辦暑期課程，總共有 40 名教師參與。[2] 可見，羅富國師範學院是增加學校教師數量，讓教育系統得以盡快重建的主要途徑之一。培訓教師的科目多了手工藝和家政。事實上，在 1950 年代初，軒尼詩官立學校已試辦家政科，男生學習木工，女生學習做衫和廚藝。圖 6.8 是小學針黹科課本。學校的枱櫈都是由學生做的，當時還得到大公司的贊助檢測女生廚藝，每餐一元（不包括食米），往街市買餸，做完餸之後就贈給一些貧苦的家庭。一組為 4 位女生，兩位負責煮餸，兩位負責照顧貧窮家庭兒童。這個實驗得到專家里得的讚許並認為值得推廣。[3] 它使學生除學懂手工藝外，亦學習到關心貧窮大眾，將社會福利觀念植入年青一代。

戰爭結束後，有不少位於新界的學校提供服務教導完全不識字的鄉民，對鄉村學校的老師需求也日漸增加。當時的成人夜校監督（supervisor for evening classes for adults）黃國芳曾撰寫報告說明新界的成人教育狀況。黃國芳在報告中統計了 1948 年 4 月到 1949 年 3 月的新界成人夜校（evening classes for adults）。起初有 11 班、

1 Annual report of the Education Department for the year 1st May 1946 to 31st March 1947, pp.6-7, 24-25.

2 Annual report of the Education Department for the year 1947/8, pp.20-21.

3 HK Public Record Office, HKRS41-1-6662, folio 24, Reid's Report, paragraph 70-71.

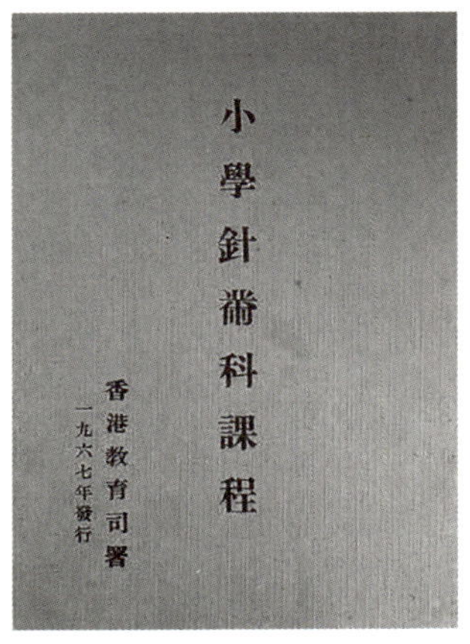

圖 6.8

共 353 人入讀這些學校。學校的位置分佈在元朗、大埔、沙田、錦田、新田、屏山和林村。到準備報告的時候，只剩下 8 班、共 316 名學生就讀於這些學校，因為有部分學校收生不足需要停運或縮減規模，但也有新學校在元朗墟和金錢村開班。根據報告，學生的出席率平均介乎 80%-85%。在農忙的時候，部分學校的學生出席率會下降到 60% 左右；但是在農閒的時候，學生出席率或會高達 95%。政府亦費心思，想出開辦農村常識科吸引學生。經過 3 個月的學習之後，部分學生能閱讀和書寫 300 個字詞，學會基本的乘法及懂得使用算盤，更開始學習撰寫簡單的書信。有些學生則對於閱讀和書寫 100 個字詞感到吃力。[1] 由此可見，政府也有注意到戰後新界居民的學習需要。

既然新界的鄉村也有一定教育需求，政府在 1946 年 9 月在粉嶺開辦一所培養鄉村教師的訓練學校，稱為官立鄉村師範學校，以培育一批適合在鄉村學校任教的教師。這所師範學校其後改稱為官

1 HKRS41_1_5035, folio 1.

立鄉村師範學院，再改稱為官立鄉村師範專科學校。官立鄉村師範學校先後從上水金錢村的粉嶺總督別墅的選址，改為粉嶺兒童保育院，後又再遷到屏山張園。師範學校的編制包括一位校長和 4 名講師。[1] 這所師範學校深受歡迎，收生情況良好。除了需掌握教育知識，這所學院的學生也會接觸到農業知識，並學習種菜、養雞、養豬等等。[2] 黃國芳是官立鄉村師範學校的校長。不過，官立鄉村師範學校的營辦年期只有 8 年左右，在 1946 年創校，於 1954 年停辦。在合併入葛量洪師範學校之前，鄉村師範專科學校都是提供兩年制的課程。黃國芳在這段時間一直擔任校長，在官立鄉村師範學校的發展中扮演十分重要的角色。[3]

官立鄉村師範學校旨在訓練一群適合的教師教育鄉村學生，意即這些教師會因應鄉村學生的學習需要，並結合他們身處的環境，提供並非職業導向的教育服務。這是因為鄉村學生可能是農夫、漁民或手工業者的後代，他們自然能通過跟隨家長學習一些謀生技能。因此，學校需要教導的不是謀生技能，而是通過結合他們的背景，提供適合的教育服務。[4] 截至 1959 年，該學校總共有 181 名畢業學生，其中 133 名進入新界的學校任教，表明學校的畢業生主要都是在鄉村學校任教。[5]

與戰爭結束初期的情況不同，過了一段時間後，師範學院的入學名額競爭變得十分激烈。以羅富國師範學院為例，在 1948-1949 年度，有 194 個申請人爭取 72 個入學名額；同年，亦有 147 申請

1 方駿：《香港官立鄉村師範專科學校校史（1946-1954）及活動》（香港：香港官立鄉村師範專科學校同學會有限公司，2004 年），頁 8-11。

2 Annual report of the Education Department for the year 1st May 1946 to 31st March 1947, p.7.

3 方駿：《香港官立鄉村師範專科學校校史（1946-1954）及活動》，頁 8-12。

4 HKRS163-1-1351, folio 1.

5 方駿：《香港官立鄉村師範專科學校校史（1946-1954）及活動》，頁 19。

人爭取 25 個官立鄉村師範學校的入學名額。所有學生都是免學費和獲得生活津貼。學生需要遵守一些入學條件，例如承諾畢業後或需要在教育署工作一定年期。[1] 而且，葛量洪師範學院（Grantham Training College）在 1951 年 9 月成立，有助增加教師的供應。1950 年，兩所師範學院總共有 167 名學生。到 1951 年 9 月，三間師範學院總共錄取了 216 名學生。政府修改了一些與師範學院相關的規定。首先，學生在完成所有課程之後，需要以試用期的方式在學校任教兩年，才可以獲得官方的教師證書。而且，政府並不會向所有學生提供津貼，改為只會向有財政需要的學生提供津貼。[2] 其後成立的柏立基師範學院最初都要分別在老虎岩官立小學、九龍船塢紀念學校上課，到 1974 年才擁有自己的校舍。這些師範學院為有興趣成為教師的學生提供系統性的訓練，為各間學校補充和提供足夠的教師，應對日益增加的學校教育需求。

推動中文教育

戰爭結束後，社會上有不少人士討論政府該如何推動中文教育在香港的發展。有報導提出，政府經營中文學校和英文學校是恰當的決定，這樣做已經能有效滿足學生的需要。中文應該在英文學校的課程中具備一定地位，英文也應該在中文學校的課程中佔據一定地位。香港的中文課程應該和內地中文學校（Interior Chinese Schools）的中文課程一致或大致一致。[3] 從報紙報導不難看到有關

---

1 Annual report of the Education Department for the year 1948/9, p. 57.

2 Hong Kong Annual Departmental Report by the Director of Education for the financial year 1951/2, pp.103-110.

3 *South China Morning Post*, 29 January 1946.

學生中文水平高低、以及有關中文學校收費的爭議。1946 年，有報導指就讀於英文學校的學生對中文的認識十分有限，並歸咎於教育署沒有關注學生的中文水平。該作者提到，從主要英文中學畢業的學生普遍不太了解中國歷史。那些教授英文的華人老師基本上不懂得寫中文信件。有些華人律師甚至不能有效地以中文書寫。該報導還提到，有 70% 在政府或企業工作的華人文員不能以標準的中文書寫。該作者聲稱，就讀中學期間，最嘈吵的時間就是中文課的時候，這暗示學生對於中文課不太感興趣。[1]

根據 1947-1948 年度的政府官方報告，中文教育（vernacular education）主要可以分為三大類別。首先是官立的小學和中學，完全由政府管理。第二類是資助小學和中學，政府根據《資助指引》（*Subsidy Code*）為這些學校提供資助。第三類是由政府監察、已經註冊的私立學校，但沒有接受任何來自政府的資助。在 1947-1948 年度，就讀於政府開設的中文中學的學生數量持續上升。當時已經有 6 間政府開辦的中文中學位於市區，還有 3 間位於郊區。資助中學則由 194 間上升至超過 240 間，其中 58 間位於市區。這 58 間學校之中有 2 間是漢英學校（Anglo-Chinese），2 間是職業學校（Vocational），7 間是中文夜校（Vernacular Evening），7 間是為勞工子弟開辦的中文日校（Vernacular Day for Workers Children），還有 40 間是中文日校（Vernacular Day）。由慈幼會（Salesian Fathers）管理的香港仔工業學校（The Aberdeen Industrial School）和聖類斯工業中學（The St. Louis Industrial School）設有初級中文部（Primary Vernacular Department）管理中文工業課程。私立學校方面，1947 年 4 月有 187 間私立學校，到 1948 年 3 月增加到 218 間。[2] 再者，

---

1 *South China Morning Post*, 22 January 1946.

2 Annual report of the Education Department for the year 1947/8, pp.10-12.

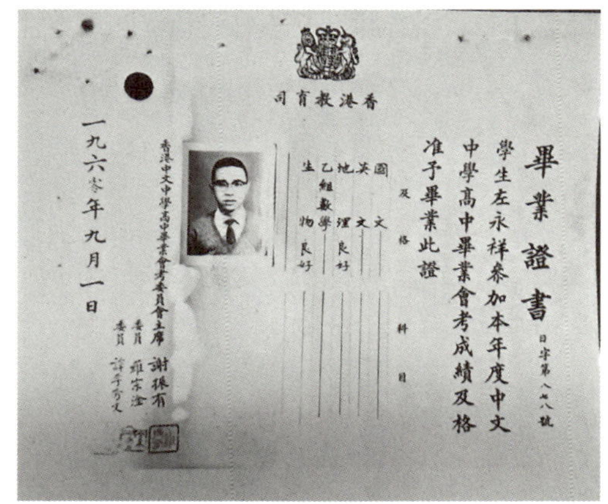
香港教育司

畢業證書

學生左永祥參加本年度中文中學高中畢業會考成績及格准予畢業此證

國文
英文
地理 良好
乙組數學
生物 良好

及格科目

香港中文中學高中畢業會考委員會主席
委員
委員

一九六零年九月一日

圖 6.9

在 1952 年，第一屆香港中文中學高中畢業會考試（Hong Kong Chinese School Certificate Examination）成功舉辦，考生為完成高中課程（senior middle course）的中文中學學生。這個考試是受到認可的，與英文中學高中畢業會考試（俗稱「中學會考」，Hong Kong English School Certificate）處於同等資歷。[1] 從圖 6.9 可見當時的香港中文中學高中畢業會考試畢業證書。這些例子都說明政府在戰後開始積極推動中文教育。

除了上述例子，政府也通過成立官立文商專科學校，推動中學以上的中文教育發展。官立文商專科學校（Evening School of Higher Chinese Studies）在 1951 年 3 月成立，[2] 提供三年制的大學文憑課程。課程的選擇包括文科、新聞傳播和商業。所有課程都

1 Hong Kong Annual Departmental Report by the Director of Education for the financial year 1953/4, p.6.

2 Hong Kong Annual Departmental Report by the Director of Education for the financial year 1953/4, p.8.

是以中文作為授課語言。[1] 學校有 21 位講師，學生每個星期需要花 5 個晚上在香港大學的鄧志昂中文學院（Tang Chi-ngong School of Chinese）上課，每堂課的時間由晚上 7 點到 9 點，總共兩個小時。[2] 官立文商專科學校的報讀人數由 1951-1952 年的 256 人上升到 1952-1953 年的 332 人。[3] 根據政府報告，有意報讀官立文商專科學校的學生需要持有香港中文中學高中畢業會考試的畢業證書，或需要證明他們達到同等的標準。課程每年的學費為 360 元。按照學生在香港中文中學高中畢業會考試的成績，其中有 10 名學生可以獲得獎學金，豁免全部學費。大部分學生都是日間在學校或辦公室工作，晚上來讀書上課。學生也可以參與課外活動，例如創作中文戲劇，出版新聞報導、雜誌和小冊子，參觀工廠、報紙辦公室、法庭和銀行。[4] 1952 年 11 月 21 日晚間，官立文商專科學校新聞系的學生參觀了華僑日報社。[5] 1953 年 7 月 17 日，官立文商專科學校舉辦第一屆畢業禮。署理輔政司杜德夫婦蒞臨參加了畢業禮。[6] 根據祈士域委員會（Keswick Committee）的建議，學校需要併入香港大學的校外進修部（Department of Extra-Mural Studies），但這項建議仍未實施。[7] 祈士域報告書內亦有提及考慮設立一所中文大學，但由於政府當時的財政狀況，以及委員會認為香港是一個中西文化碰撞之地，而中

---

1 Hong Kong Annual Departmental Report by the Director of Education for the financial year 1951/2, p.50.

2 Report of the Committee on Higher Education in Hong Kong,1952, p.15.

3 Hong Kong Annual Departmental Report by the Director of Education for the financial year 1952/3, p.38.

4 Hong Kong Annual Departmental Report by the Director of Education for the financial year 1952/3, p.53.

5 《華僑日報》，1952 年 11 月 22 日。

6 《工商日報》，1953 年 7 月 18 日。

7 Hong Kong Annual Departmental Report by the Director of Education for the financial year 1952/3, p.53.

圖 6.10

西文化交融就只能在一所大學內培育出來，這一考慮被否決。[1]

教育課程

政府不但推動上述提及的教育政策，還嘗試開展體育、健康、公民和家政科等課程。圖 6.10 為農村常識科課本。不過，政府面對缺乏足夠合資格人士和設施的困難。加上，戰後學校每班學生的年齡差距很大、每班學生人數都很多，以致難以推動體育教育課程。但根據教育署 1946-1947 年度的報告，所有學校當時已經把體育科納入課程之中。政府亦逐步開設體育課。舉個例子，由於設施有限，游泳項目只能有限度地進行。部分需要較少設施的體育項目，例如籃球，已經在大部分學校開設。[2] 早在 1947 年，政府曾經訂購 200 個足球、12 個籃球、12 個排球等等，為推動體育教育做好準

1 Report of the Committee on Higher Education in Hong Kong July 1952, paragraph 110-117.

2 Annual report of the Education Department for the year 1st May 1946 to 31st March 1947, pp.21-22.

備。而且，政府也曾訂購健身器材，並從皇家海軍遊樂會（Royal Naval Recreation Club）獲得 250 個足球、4 個曲棍球、3 個木球棍、30 個木球等等。政府還訂購了健身器材，包括雙行平行木（double-double parallel counter-balanced beam）、馬鞍（beam saddle）、牆架（section wall bars）、攀山繩、跳板等等。[1] 根據 1947-1948 年的政府教育署報告，政府打算讓每個合資格老師都接受體育教育的相關訓練，以便每個老師都能教授最多到初中（class 4）級別的體育課，而不再以訓練全職體育專家為目標。政府預計在 3 年後可以開始持續穩定地為學校提供年輕的體育教育老師。在這個學年，政府還重新舉辦中文小學的體操比賽。女校也有開設基本的體育教育課程。同時，有 28 間學校參與校際足球比賽、校際籃球比賽，運動會也重新開辦。[2] 上面提及的公民和家政科、其後的衛生科，除是實用科目外，更是配合新成立的社會福利署政策。

工業教育（Technical Education）

太平洋戰爭結束後，政府認為有必要提高職工的質素，以便推動工業發展。於是，1951 年 10 月，政府委任了工業和職業教育調查委員會（Committee on Technical Education and Vocational Training，下稱委員會）。委員會的主席為工業專門學院的畢特（S.J.G. Burt），成員包括阿里臣（M. Allinson）、九龍巴士公司的雷瑞德（W.S.T. Louey, 1909-1962）、沙拿士（C.D. Silas）、工務局的鄔勵德（A.M.J. Wright, 1912-2018）。委員會的主要目標包括調查當時工業和職業教育機構的教育現況，並向政府作出報告。同時，

1 HKRS41-1-2676, folio 1, 2, 3, 5, 6.

2 Annual report of the Education Department for the year 1947/8, pp.14-16.

委員會需要就不同行業對職業和工業教育的要求取得相關資料，以便整理所有工業與職業教育發展的資料，讓常設工業教育委員會（Standing Committee on Technical Education）的成員考慮。而且，委員會成立的目標是為了就改善工業和職業教育提出建議。建議包括以下幾個方面：協助僱員向上流動，以便日後擔任較高的職位；讓僱主成功聘用適合其企業的人才；以及提高行業生產力。具體來說，委員會需要考慮有甚麼對工業和職業教育的需求，需要興建哪些進一步的設施或採取應對方法滿足有關需求。實際的考慮則包括相關計劃是否需要任何額外的援助。

委員會提出了不少意見，主要是圍繞工業和職業教育的實行方法和應用、設立新的課程和優化當時的工業和職業教育課程等。委員會建議，要重視工業和職業教育課程的實用性，以確保學生畢業後有良好的就業前景。換言之，工業和職業教育課程不能太過偏向學術性或理論性。而且，每間工業和職業學校需要繼續根據學生的考試成績，自行簽發文憑和證書。而政府工業專門學院舉辦的文憑和證書（Government Technical College Diploma and Certificate）考試會開放給校外的學生。至於新增課程方面，委員會其中一個建議是在香港工業專門學院新增商業學系（Department of Commerce）。[1] 而且，委員會建議為應用藝術和工業設計（Applied Art and Industrial Design）學科設立兼讀日間課程，由相關行業的在職人士負責教授。對於一些工業行業來說，具有吸引力的設計有助提升產品的銷售表現。因此，設立有關工業設計的課程或有助紡織、傢具、陶瓷等工業的發展，提高工業產品銷量。委員會亦建議，所有提供職業教育的機構都需要開設體育課、開辦有關汽車機械的兼

1 A report of technical training and vocational training in Hong Kong, pp.1-170.

讀課程等等。委員會建議政府委任成人教育主任（Adult Education Officer）負責監督。同時，每年最少要巡查私營的工業和職業學校一次，政府的文化中學（secondary grammar and middle school）都要考慮將金屬工藝（metal work）和木工科列入中學會考（School Certificate）考試的科目。而且，政府需要考慮調查成立紡織研究所（Textile Research Institute），香港工業專門學院需要成立紡織系（Department of Textiles）。至於教師方面，委員會建議工業和職業教育課程的全職教師必須上課，學習教育理論和教育方法的心理學；兼職教師也需要學習有關教學方法的課程。[1]

除了成立工業和職業教育調查委員會，政府同時諮詢了專家的意見，為推動職業教育作出準備。大約在 1951 年 11 月，夏盧（F.J. Harlow）博士曾向港督提出建議，認為政府有必要制定長遠和全面的工業和職業教育政策，並邀請職業教育專家作相關研究。因此，政府委任了工業和職業教育專家里德（F.H. Reid）來到香港，調查職業教育的發展狀況。里德是東南倫敦工業教育學院（South-east London Technical College）的校長。他曾經擔任工業教育機構協會理事會（Council of the Association of Technical Institutions）、工業教育機構校長協會（Association of Principals of Technical Institutions）和工業教育機構教師協會（Association of Teachers of Technical Institutions）的主席。教育署長預計里德會在 1952 年 4 月中抵達香港。而根據 4 月 23 日的報導，里德已經來到香港，並會逗留大約 10 個星期。在準備報告期間，里德既訪問了不同學校，了解小學和中學的發展狀況，更得到教育署、校長、老師提供不少有用的資訊。里德在報告中初步闡述了現有的工業和職業教育發展情

1　A report of technical training and vocational training in Hong Kong, pp.1-170.

況，例如香港工業專門學院的課程、私人和資助的課程和商業課程。

報告包括不同方面的建議。首先，在學徒制度方面，報告建議增設一個學徒制度委員會（Apprenticeship Board），負責從不同渠道提高學徒制的地位，例如為學徒提供足夠的設施和實習機會，加強負責教育工作的官員與工業界之間的合作。此外，政府應該鼓勵具備相關資格的人士將工業教育的英文書目翻譯成中文。而且，政府需要根據倫敦城市行業公會（City of Guilds and London Institute）的工業技術系（Department of Technology）的考試課程大綱，制定與工程、紡織、印刷等等相關的課程。政府也需要為未來的職業教育發展做好準備。里德還建議邀請有關部門、團體、機構的代表，成立一個管理香港工業專門學院的組織。至於興建新設施方面，報告建議將初級工業學院（Junior Technical School）改為工業中學（secondary technical school），為香港工業專門學院興建新的實驗室，進行有關熱能、光、磁力等的實驗，優化職業教育課程的設施等等。政府在九龍設立一所新的工業教育男校，大樓的建築成本預計為 90 萬港幣，購置器材的成本為 2 萬元，每年的維修保養成本為 1 萬元。開辦第一年預計總共需要 7 名職員，到第四年會增加至超過 20 人。除了興建新的工業教育學校，政府也應該在九龍興建新的工業學院，提供應用藝術、商業、電機工程、紡織、印刷等多項課程。大樓的建築成本預計為 350 至 400 萬港幣，添置設備的成本為 30 萬元，每年的維修保養成本為 3 萬元，還沒有計算能源方面的費用，預計最終需要 77 名職員營運這所學院。報告還提出了有關職業教育發展的多項建議，幫助政府了解職業教育的發展概況和一些可行的未來發展方向。[1]

---

1 HKRS41-1-6662, folio 1, 15, 16, 24, 26; *South China Morning Post*, 23 April 1952.

鄺華汰（1866-1906）開辦的李陞格致工藝學院於 19 世紀初已經遇到學習西方科技有語言的困難，因為中文裏基本上沒有西方科技的名詞，就算翻譯成中文，學生亦不知是甚麼！他當年找到廣州的楊襄甫老師翻譯西方科學書本，打了一個好的根基。儘管學生只學到皮毛，再深一層就比較困難，但西方科學名詞畢竟有了對應的中文，學生亦開始習慣。戰後學習西方科技亦遇上同一困難，不過已不像半世紀前那麼困難了。因此專家里德亦贊同以中文教授中層技術員。香港政府於 1930 年代成立工業學校，早已料到招生的困難，於是在 1933 年先開設初級工業學校，有了足夠學生才開設高級工業學校，讓初級工業學校的學生進入高級工業學校。[1] 由於中國人的傳統模式是「師徒制」，加上從經濟角度看，學徒進入公司「學嘢」，公司沒有理由要給人工，因此學徒往往只是包食宿。而英國的學徒制，目標就是培訓一批中層的技術管理人員，即是當時華人俗稱的「No.1」（foreman）。事實上，太古和黃埔船塢早已有學徒制度，只是半中半西模式，因此里德就建議香港政府完善學徒制，希望新改名的工業專門學院可以培訓一批中層的科技管理人才。他將工業人才分為三類：最高是大學培訓的工程師，其次是工專培訓的管工（Supervisor）和 No.1，下面才是工人，這個三級制度就奠定了香港日後的工業管理制度。

戰前的高級工業學校（Hong Kong Trade School）於 1947 年改名香港工業專門學院。戰後，由於香港工業專門學院原有的灣仔校舍已不敷應用，難以增加更多的全日制工業教育課程，興建新校舍有其必要性。之後，新校舍工程選址紅磡。1956 年 2 月 21 日，港

1 馬冠堯：〈香港科學工藝教育的源頭：以李陞格致工藝學堂和香港實業專科學院為例〉，載蕭國健、游子安：《鑪峰古今：香港歷史文化論集 2017》（香港：珠海學院香港歷史文化研究中心，2018 年），頁 130-173。

圖 6.11

督葛量洪為紅磡校舍的第一座建築物奠基。紅磡新校舍建築工程在 1957 年 11 月完成，並在同年 11 月 13 日將所有全日制課程由灣仔活道校舍轉移到紅磡校舍。[1] 香港工業專門學院的建造成本為 200 萬港幣，由政府和香港中華廠商聯合會（Chinese Manufacturers' Union）以配對模式（dollar-for-dollar basis）合作[2] 興建，見圖 6.11。根據 1948-1949 年度的政府教育署報告，香港的職業教育課程主要包括香港工業專門學院的日間和晚間課程。當時，香港工業專門學院的機器質素未如理想，亦有必要添置新的機器。在 1960 年，香港工業專門學院有一座教學大樓，有建築（building）、機械工程（mechanical

1 *South China Morning Post*, 22 February 1956, 3 November 1957.
2 即中華廠商聯合會出一元，政府也出一元。

engineering）、航海（navigation）、數學與物理（mathematics and physics）、電機工程（electrical engineering）、商業（commerce）、紡織（textiles）部門。學院還有為木工、紡織、機電工程等多項課程而設的工作室和實驗室，亦設有學生餐廳和劇院。當時，學院正在進行總支出超過 500 萬港幣的擴建工程。在 1960-1961 學年，有 600 名學生報讀了香港工業學院的全日制課程，還有 6,600 名學生報讀了兼讀制課程。[1] 可見，香港工業專門學院的畢業生為不同範疇的工業活動提供高質素的勞動力。戰後，尤其是從 1950 年代開始，香港的工業處於高速發展的階段，香港工業專門學院等培訓職業人才的教育機構提供合規格的職業教育課程，為推動香港的工業發展作出重要貢獻。

成人教育

政府在戰後還積極發展成人教育（Adult Education）。成人教育對於提升勞動力質素而言十分重要。由於以前不是每個人都有機會接受教育，發展成人教育就能讓一些在職人士得到進修機會，從而提升社會的勞動力質素。縱觀戰後的發展歷史，成人教育主要包括由政府教育署開辦的官立夜校（Evening Institute）和私營夜校。官立夜校的課程主要包括商業和技術課程，也有一些音樂、藝術和戲劇課程等等。其他課程包括提高新界居民識字率的課程。[2] 根據 1946-1947 年的政府教育署報告，有 3,000 名申請人申請入讀官立夜校，但只有大約四分之一的申請人能成功入讀，原因是戰爭結

1 A report of technical training and vocational training in Hong Kong, pp.1-170, 365-1-60-1-20; Annual report of the Education Department for the year 1948/9, p.50.

2 Annual report of the Education Department for the year 1948/9, p.27.

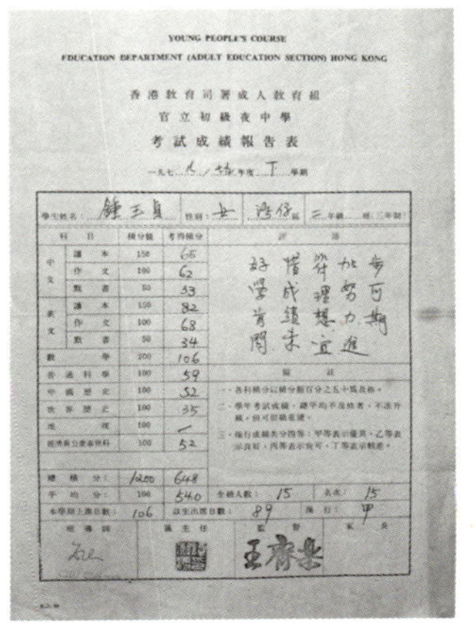

YOUNG PEOPLE'S COURSE
EDUCATION DEPARTMENT (ADULT EDUCATION SECTION) HONG KONG

香港教育司署成人教育組
官立初級夜中學
考試成績報告表

科目		總分數	考得積分
中文	課本	150	65
	作文	100	62
	默書	50	33
英文	課本	150	82
	作文	100	68
	默書	50	34
數學		200	106
普通科學		100	59
中國歷史		100	52
世界歷史		100	35
地理		100	—
經濟與公共事務科		100	52
總積分		1200	648
平均分		100	54.0

圖 6.12

束初期缺乏足夠的職員和場地。由於不少學生的工時很長、又或者需要在傍晚時間上班賺取收入，只有 60% 的學生能完成整年的課程。[1] 官立夜校為成年和來自不同行業的職工提供進修機會。自 1947 年 9 月起，工程和造船業的課程會轉到香港工業專門學院的夜校部門（Evening Department）上課。政府也在六個新界村落開辦課程，教授村民閱讀和撰寫中文，並學習簡單數學和算盤技巧。[2] 在 1951-1952 年度，官立夜校的工業技術班錄取了 1,470 名學生，比起往年的 1,051 名學生有所增加。從圖 6.12 可見當時官立夜中學的學籍登記表和考試成績報告表。有些私營的夜校提供英文和商業課程。香港基督教女青年會（YWCA）還提供煮食、手工藝課程等等。與此同時，政府在新界開辦了針對成人的識字班，當年有 256 人參加，大部分都是女性。[3]

1 Annual report of the Education Department for the year 1st May 1946 to 31st March 1947, p.14.
2 Annual report of the Education Department for the year 1947/8, p.6.
3 Hong Kong Annual Departmental Report by the Director of Education for the financial year 1951/2, pp.49-50.

小結

為了加快重建進度，政府關注到重建教育系統對於培育人才的重要性。政府因而在開辦學校、師資培訓等不同方面盡快重建教育體系，讓學校得以正常運作，並積極處理校舍和老師不足等問題。不同團體例如宗教、勞工組織等都協助興辦學校，讓更多人得以接受教育。在資源短缺情況下，創立了開辦男女校和共用校舍。值得關注的是，戰後數十年的教育系統發展歷程大致上都和戰爭結束初期的教育政策方針相通。戰爭結束後，政府更為積極推動中文教育發展，例如開設中文小學和中文中學會考試，設立官立文商專科學校等等。後來香港中文大學的成立也許和發展中文教育的大方向有一定關係。在課程方面，體育、公民和家政科都是配合當時的實際環境而設。市區的教育政策並伸延至新界鄉村，還增加了專為鄉民而設的農業科。在工業專門教育方面，工業專門學院最大的貢獻是培訓了一批專業的製造業人才，為香港的製造業如紡織、玩具、鐘錶、塑膠業服務，香港因此成為世界輕工業的知名地，為香港經濟騰飛打下基礎。她亦奠定了英式的三級專業和管理制度，其後香港工業專門學院升格為香港理工大學，繼續為培育人才作出重要貢獻。不得不提的是夜校的發展，為不少在職人士提供各樣進修機會，提升了勞動力質素，培育不同行業的專業人才。相信大部分戰後出生的人都上過「夜學」。這些政策不但對戰後重建有着重要的影響，還為香港在 1970 年代開始的經濟起飛創造有利條件。

07

社會福利政策（三）——醫療衛生服務

戰後的香港面臨資源短缺、糧食不足、房屋供應短缺等多重困難，這也嚴重影響了居民的健康，肺癆病就是當時最典型的公共衛生威脅。1946 年，因肺癆病而逝世的人口佔香港當年死亡人口的 11%。對此，政府、防癆會、以及社會上的熱心人士齊心協力，推動了各方面的措施預防、治療肺結核，並取得重要成果。作為社會福利事業的一個範疇，包括防治肺癆在內的醫療服務也體現出官民合作的特點。

香港戰後的醫療服務發展涉及不少值得探討的話題。其中，應對肺癆病是政府和社會各界的焦點之一。其實，在第二次世界大戰之前，政府就開始關注如何應對肺癆病。但由於缺乏足夠的資源，當時主要由司徒永覺醫生領導的防癆會應對肺癆病的擴散。戰事結束後，肺癆病的擴散情況越趨嚴重，因為戰爭期間不少市民未能攝取足夠的營養，加上居住環境擠迫，使得肺結核的死亡率大幅提高。[1] 1946 年，肺癆病是香港最致命的疾病，因肺癆病而逝世的人口佔當年死亡人口的 11%。[2] 1947 年度，香港有 1,863 人因肺癆病逝世，死亡率高達 38.4%，依然是引致成年人死亡的最主要單一因素。[3] 1952 年，每 10 萬人就有大約 697 宗感染肺癆的個案，情況十分嚴重。[4] 戰後資源短缺、糧食不足、房屋供應短缺等不利因素加劇了肺癆病在社區的擴散，對公共衛生構成威脅。

根據 2023 年世界衛生組織發佈的全球肺癆病報告，全球每年有超過 1,000 萬的人口感染肺癆病，在 2022 年是全球第二大由單一

1 CO129/592/2, p.58.

2 Hong Kong Government Annual Report of the Medical Department for 1946, p.6.

3 Report of the Director of Medical Services for 1947, p.8.

4 Shiu-hung Lee, The 60-year battle against tuberculosis in Hong Kong—a review of the past and a projection into the 21st century, *Respirology*（2008）13（Suppl. 3）, S50.

致病源引致人類死亡的因素。[1] 可見，儘管香港在多年前就已經成功控制肺癆疫情，肺癆依然是全球的公共衛生問題。正如關於社會福利政策的章節中所提到的，官民合作是香港社會福利政策的特點之一。醫療服務作為社會福利的其中一環，也能體現官民合作的特點。本章會分析香港在戰後缺乏足夠資源的情況下，如何迎擊肺癆病疫情，藉此觀察戰後的醫療衛生服務發展狀況和特點。

防癆政策與調查報告

香港第一位衛生署署長李紹鴻醫生（1933-2014）曾經撰文回顧香港應對肺癆病的歷史。他提到，政府得以成功應對肺癆疫情的主要因素包括政府持續投入資源和致力處理肺癆疫情，以及非政府組織、學術機構、熱心公益的人士、社區和醫務人員的貢獻。[2] 本章稍後也會分析政府的防癆工作、非政府組織如防癆會的努力、熱心人士的支持等等如何幫助香港在戰後擊退肺癆疫情。再者，李紹鴻提到房屋供應不足、水供應不足、衛生情況惡劣等等都會引發公共衛生問題，自然也包括肺癆在內。[3] 因此，防治肺癆的工作和其他方面的工作存在互動關係，並非單純涉及醫療衛生方面的問題。例如，防治肺癆涉及社會福利的政策思維和實踐、市民的居住環境密度、公眾教育工作、基建設施如食水供應等等。

前面的章節已提到，戰後香港有大量重建工作亟需展開，對於

1 World Health Organization, Global Tuberculosis Report 2023. https://www.who.int/teams/global-tuberculosis-programme/tb-reports/global-tuberculosis-report-2023

2 Lee, The 60-year battle against tuberculosis in Hong Kong—a review of the past and a projection into the 21st century, S49.

3 Lee, The 60-year battle against tuberculosis in Hong Kong—a review of the past and a projection into the 21st century, S49.

迎擊肺癆疫情構成困難。根據現行的醫學研究，戰爭和災難會增加肺癆擴散的衛生風險，因為戰爭會造成基建設施受到破壞、人口過於擁擠、醫療服務中斷等等。肺癆的風險因素還有很多，包括居住環境過於擁擠等等。而且，營養不良還會增加肺癆的擴散情況和死亡率。[1] 不難想像，戰後的香港同樣面對這些問題。首先是房屋供應不足。當時山邊仍有不少小木屋，很多人都居住在受到戰火破壞、未經維修的建築物裏，還有一些住所坐落在大型的明渠旁，衛生情況可想而知。而且，不少寮屋都缺乏充足的衛生設施，對公共衛生構成風險。[2] 在糧食方面，1947 年年初，每日的米飯配給為 4 兩，還包括 3.2 兩麵粉。1947 年 5 月 18 日，米飯配給增加至每日 4.8 兩，但麵粉配給降低至每日 2.4 兩。到 8 月 6 日，米飯配給增加到每日 5.6 兩。[3] 雖然米飯配給的份量有所增加，但是如果米飯持續處於配給狀態，說明當時的米飯供應依然不足。營養不良的情況也許並非罕見的事情。[4]

戰事結束初期，史馬（A.G.H. Smart）醫生曾調查香港的醫療工作。史馬提到，肺癆的防控工作與居住環境、營養不良等因素有密切關係。至於如何應對肺癆疫情，他認為政府的其中一項首要工作應是購置大型的 X 光放射設施（radiography facilities），以便及早發現肺癆個案。而且，政府應邀請防治肺癆的專家進行調查，調查內容或包括肺癆在香港情況和政府應採取甚麼措施應對肺癆病的擴散。史馬還建議，政府須考慮興建療養院為早期的肺癆病人提供適切的治療。而且，他亦提到增加房屋供應無疑是其中一個應對肺

1 Topluoglu S, Taylan-Ozkan A, Alp E. Impact of Wars and Disasters on Tuberculosis Epidemiology. *J Clin Pract Res* 2024; 46 (5) :411–420.

2 Report of the Director of Medical Services for 1947, p.9.

3 Report of the Director of Medical Services for 1947, p.15.

4 Report of the Director of Medical Services for 1947, p.15.

癆病的方法。[1] 這說明，應對肺癆不但涉及引進醫療技術，還與解決房屋問題等有密切關係。改善市民的營養水平也是應對肺結核的關鍵之一。史馬醫生提到，很多市民對病毒的抵抗力或會較低，儘管隨着戰後食物供應的增加情況已有所改善。市民營養不足或增加了肺結核傳播的風險。[2] 其中一個重點是，史馬醫生的報告在 1945 年 12 月完成，並得到擔任民事副醫官（D.D.M.S.）的費喜利上校（Col. Fehily）、民事助理醫官（A.D.M.S.）金歌頓中校（Lt. Col. Gordon King），以及一眾官員的幫助。[3] 這份報告因而可被視為政府戰後較早的醫療問題調查報告。這也不難理解為何政府在戰後防治肺結核的工作和報告所提到的措施有不少相近之處，也許正是參照了這份報告的內容。

1947-1948 年間，世界衛生組織曾派員在香港調查肺結核情況。這份報告由美亞斯（Henry Meyers）醫生負責，涵蓋了各項關於香港肺癆狀況的統計數字，例如感染肺癆致死的數字、性別分佈、感染情況、X 光照片調查、影響因素等等。與前文所述一樣，美亞斯的報告也提到不同因素，包括人口密度等等，都會影響香港的肺結核感染狀況。報告還提及肺結核感染個案的區域分佈、應對肺結核疫情的服務、診治與後續跟進的診所設施、教育工作、細菌學分析工作等等。[4] 但到了 1950 年 7 月，醫務局局長牛頓（Dr. Newton）向世界衛生組織的肺結核部門主管麥道高（J. B. McDougall）批評美亞斯醫生的報告內容與事實嚴重不符。經與世界衛生組織西太平洋的肺結核專家羅拔思（L.O. Roberts）商量，羅拔思認為牛頓應該找摩

1 CO129/594/8, p.30, 37.

2 CO129/594/8, p.23.

3 CO129/594/8, p.41.

4 HKRS146-11-1, 1-2.

地（Dr. A.S. Moodie）醫生重新撰寫一份報告，因為他已經有大約 7 年應對肺結核的經驗，這暗示他才是更為合適的人選。[1]

牛頓聽取了意見後，果然找摩地醫生新撰寫了一份調查報告。到 1951 年 6 月，摩地醫生曾經調查香港的肺癆疫情情況，並遞交報告。摩地的報告包括不少統計數字，例如人口統計、因肺結核致死的人口數據、染病率、X 光數據調查等等。報告還說明了當時應用在防治肺結核的措施、訓練專業醫療人士的工作、宣傳教育工作、醫療機構用作治療肺結核的病床數據、影響肺結核情況的因素等等，內容十分詳盡。摩地醫生曾經評估香港的肺結核疫情，他提到生活環境過度擁擠是使得肺結核擴散的主要原因。由於居住環境十分擁擠，肺結核病是經空氣傳染，不少草根階層的市民很容易就會感染肺結核。他指出為 5 歲或以下新生嬰兒注射卡介苗是有效的預防方法，但治本的方法是改善市民的生活環境。而且，雖然政府之中負責處理肺結核醫療事務的人員的工作表現尚可，但是政府投放的資源仍然不足夠。[2] 摩地醫生的報告呼應前文所述的觀點，應對肺結核並非單從醫療方面着手就能奏效，還要考慮居住環境的因素。但實事求是地說，在戰爭結束初期而言，政府還未有資源大規模改善市民的居住環境，本書有關房屋的章節也提到不少建屋方案都處於非常初步的階段。因此，先從醫療方面着手開展防治肺結核工作也是可以理解的。

夏慤健康院與各項醫療設施

面對眾多不利因素，在戰事結束後，政府也逐步開展各方面的

1 HKRS146-11-1, folio 1-5.

2 CO129/629/10, pp.6-34.

防癆措施，致力減少肺癆的傳染情況。政府其中一個主要措施就是通過夏慤健康院提供治理肺癆病的服務。根據 1948-1949 年的報告，夏慤健康院會在早上提供診斷肺癆的服務，下午則提供治療肺癆的服務。當時還有一些資助診所會為居住在遠離市區的市民提供服務。[1] 但是，夏慤健康院本來並不是為治療肺癆病而設的。夏慤健康院位於灣仔摩理臣山道，由戰前的防空局總部改建而成。政府打算在此設立產房和健康院。[2] 這座健康院在 1946 年 4 月 29 日開幕，由夏慤主持開幕典禮。費喜利上校在開幕典禮上提到，這座健康院是為了取代在戰時受到破壞的灣仔貝夫人健康院（Violet Peel Health Centre）的功能。同時，在開幕典禮上，夏慤提到設立健康院是為了改善兒童和母親的健康。所以，這也不難理解為何夏慤健康院還設有產房和小兒治療所。[3]

夏慤健康院主要由對抗流行疫情（anti-epidemic）的職員負責，並在 1946 年 7 月增聘了 3 名負責社會福利服務的職員。在 1946-1947 年度，總共有 515 名病人經夏慤健康院診斷後轉介入住了醫院。[4] 1951 年 6 月，聯合國國際兒童緊急救濟基金（United Nation of International Children Emergency Fund, UNICEF）委員會捐贈了肺病診療流動車給香港。交接儀式就是在夏慤健康院舉行。6 月 12 日下午 2 時半，在夏慤健康院由基金會代表米爾斯將車匙交給香港醫務衛生署。香港衛生署副署長楊國璋醫生（1903-2004）、肺病專家摩士醫生和輻射專家何鴻超醫生一齊代表出席轉交儀式。流動車在美國費了十載才研究成功，該 X 光機全日可攝一千多張照片，半

1 Annual Report of the Director of Medical Services for the period 1st January, 1948 to 31st March, 1949, p.68.

2 《工商晚報》，1946 年 2 月 17 日。

3 《工商日報》，1946 年 4 月 30 日；*The China Mail*, 30 April 1946。

4 Report of the Director of Medical Services for 1947, pp.25-26.

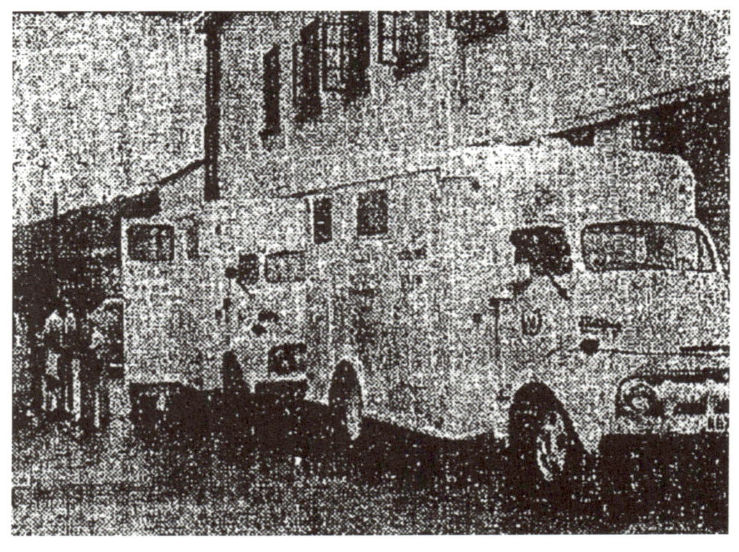

圖 7.1

分鐘內在副車中可以清楚見到照片，這是香港首次使用。圖 7.1 是 X 光流動車。這部白色的肺病診療流動車對於應對肺癆疫情起了很大作用，因為主車設有由副車負責供電的 X 光攝影機及相關裝置，可在半分鐘內沖曬出所拍攝的 X 光照片。流動醫療車會先為港島市民提供服務，然後到九龍區，所有拍攝服務都是免費的。[1] 因此，夏慤健康院在應對香港肺結核疫情的工作之中有標誌性的意義，而流動醫療車服務進一步改善了應對肺結核工作的效率。1960 年代，防癆會與灣仔街坊福利會合作成立流動診所 [2]，見圖 7.2。圖 7.3 可見市民在流動診所照肺情況。到 1970 年 10 月，因為要進行道路改善工程，夏慤健康院被拆除。[3]

1 《工商日報》，1951 年 6 月 13 日。
2 見香港防癆及胸病協會 1968 年週年報告。
3 《華僑日報》，1970 年 10 月 16 日。

圖 7.2

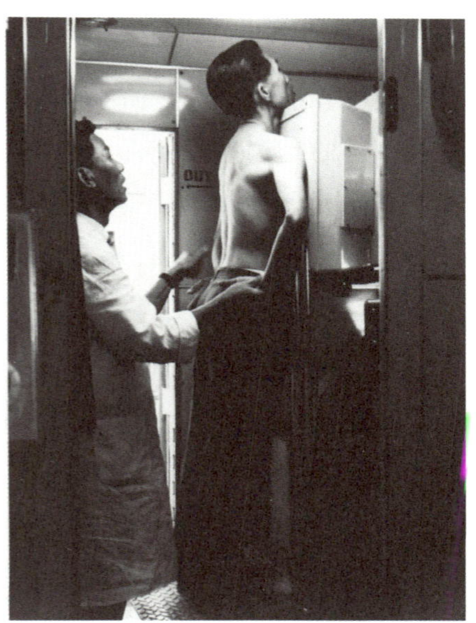

圖 7.3

早在戰爭結束初期，史馬醫生就提到香港沒有任何治理肺結核病人的療養院或診所。[1] 上文提到的夏慤健康院與史馬醫生的建議互相呼應。除了這個項目，政府還在香港仔藥房（Aberdeen Dispensary）、大埔和元朗開設治療肺癆的診所。[2] 至於療養院，除了稍後會提及、由香港防癆會營辦的律敦治療養院，政府曾營運福利別墅肺結核療養院（Felix Villa Tuberculosis Sanatorium）。福利別墅是由歐洲人租住的住宅，在太平洋戰爭期間受到戰火破壞。日軍曾將這些住宅改建為傳染病醫院，但從來沒有投入服務。戰後，有醫務局官員認為這些建築物實際上並不適合用來作傳染病醫院，但經過改建之後，或許免強適合用作肺結核療養院。早在 1946 年 4 月，政府已經有計劃將福利別墅改建為肺結核病人居住的療養院，預計需要花費 20,000 元完成整個工程。1946 年 5 月，政府提到住宅的擁有人亞歷山大（Felix George Alexander）並不願意負責改建療養院的款項。醫務局官員認為政府應承擔有關款項。1947 年 3 月 11 日，醫務局局長曾要求財政司盡快批准有關項目。[3] 根據 1947 年的報告，福利別墅肺結核療養院雖然不是最佳選擇，但最終仍如期落成作短暫使用。療養院包括 9 座住宅，能容納 33 名病人。有 154 人曾經入住，119 人已經出院，還有 5 人病逝。[4] 無論如何，政府在戰後曾增設治療肺癆病人的設施，以應對肺癆疫情。在 1949-1950 年度，政府還計劃在九龍興建一所新的肺結核病人診所。同時，政府還預留會在 1950-1951 年度增撥多一倍的資源應對肺結核疫情。[5]

---

1 CO129/594/8, p.23.

2 Report of the Director of Medical Services for 1947, pp.25-26.

3 HKRS156/1/226, folio 1, 2, 3, 9.

4 Report of the Director of Medical Services for 1947, p.21.

5 Hong Kong Annual Report by the Director of Medical Services for the year ended 31st March 1950, p.75.

很多醫療機構都為肺結核病人提供治療。1949-1950 年度，政府提到當時還沒有非常有組織的方式治療肺外結核病（non-pulmonary tuberculosis），這些個案主要在醫院的外科病房接受治療。而政府為確診肺結核（pulmonary tuberculosis）的病人提供病床接受治療。其中，瑪麗醫院有 58 張病床，荔枝角醫院有 202 張病床，長洲聖約翰醫院（St. John Hospital）有 31 張病床，為這類病人提供治療。由於醫療服務也是由官民合作的模式主導，除了政府醫院，政府資助的醫院也有相關服務。例如東華三院就有 110 張病床、律敦治療養院就有 120 張病床。至於診所方面，在 1949 年，曾經入住夏慤健康院的病人數量達到 47,393 名、資助診所則有 1,879 名病人。這些診所也接收了不少新的病人，例如夏慤健康院接收了 18,135 名病人，大埔、元朗、香港仔和赤柱診所則接收了總共 471 名新症。[1]

政府注意到夏慤健康院不足以提供理想的肺結核治療服務，因為該院規模較小，沒有任何照 X 光的設施，其設計亦不太理想。[2] 因此，興建專門治療肺結核病人的診所有其必要性。1951 年 2 月 16 日，專門處理肺結核個案的九龍肺癆診所開張。九龍肺癆診所位於窩打老道和亞皆老街交界的九龍醫院，是戰後第一所專門由醫務局興建和完成的醫療設施，泰利（C.E.M. Terry）主持開幕。開幕典禮的主要嘉賓包括醫務總監牛頓、泰利夫婦和摩地醫生。圖 7.4 是九龍肺癆診所。雖然政府已經通過夏慤健康院處理肺結核個案，但是夏慤健康院本來並非用作治療肺結核病人、九龍肺結核診所是第一所專門為處理肺結核病人而設的診所。九龍診所的主要功能是識別

1 Hong Kong Annual Report by the Director of Medical Services for the year ended 31st March 1950, pp.66-69.

2 Annual Report by the Director of Medical and Health Services for the financial year 1950-51, p.87.

圖 7.4

疑似個案、診治肺結核病人和照顧住院病人的親屬，有助減輕夏慤健康院的壓力。[1] 由此可見，政府曾逐步增加治療肺結核病人的醫療設施，為更多市民提供醫療服務。

擴大服務範疇

為了進一步防治肺結核，政府需要增加人手降低肺結核擴散風險。新增的職位或服務並非只用於治療病人本身，還會考慮到病人和同住者的生活需要。1948 年，政府開設了 6 個新職位協助有關工作。職位申請人要求是女性，具備良好的中文和英文能力，並需具備中學會考證書。工作包括探望肺癆病人和宣傳防癆資訊等等。每月薪酬為 150 元，並會獲得高額的住屋補貼。[2] 這 6 名女性幫辦（inspectors）的職責主要是到肺癆病人的家中探望病人及其家屬，

1 *South China Morning Post*, 15 February 1951, 17 February 1951.
2 *The China Mail*, 7 August1948.

並向他們提供避免感染肺癆的建議，例如如何消毒家居，希望可以預防肺結核進一步擴散。這些幫辦日後還會負責即將推出的廣泛派飯計劃（mass feeding scheme）。[1]

而且，早在1948-1949年度，政府就已經為有需要接受醫院治療、但面對財政困難的病人提供現金津貼。病人家屬也可以獲得生活津貼補貼日常生活開支。1948年11月，政府開展試驗計劃，將營養餐送到病人住所附近。[2] 政府的醫院社會福利官（almoner）及其助理亦會訪問第一次感染肺結核的病人。醫院社會福利官會負責處理病人康復後的就業問題、照顧病人家屬、提供現金津貼、安排兒童入學、轉介個案到其他社區組織等等，為病人及其家屬提供充分的援助。[3] 由此可見，政府並非僅從治療病人着手，還考慮到照顧病人和家屬的需要，從不同方面降低肺結核擴散的衛生風險。

宣傳教育工作

除了上述工作，政府曾經推動各方面的宣傳工作，以及打擊隨地吐痰行為，以防止肺結核進一步擴散。1947年4月，政府通過舉辦健康週提升市民的衛生意識。健康週在4月14日至4月19日舉行，主要包括6個範疇的公共衛生關注點，包括鼠患、蒼蠅問題、性病、霍亂、隨地吐痰與肺癆、隨地便溺。香港電台的英文（ZBW）和中文（ZEK）頻道也合作播放預製的中文、英文講座，提升市民的衛生意識。活動還包括張貼海報、在報紙發佈文章、舉行學校比

1 《工商晚報》1948年8月16日；*Hong Kong Sunday Herald*, 15 August 1948。

2 Annual Report of the Director of Medical Services for the period 1st January, 1948 to 31st March, 1949, pp.71-72.

3 Annual Report by the Director of Medical and Health Services for the financial year 1950-51, pp.84-85.

賽等等，讓更多人了解肺結核相關的衛生知識。1947 年年底，政府還拍攝了一部電影講述有關隨地吐痰與肺癆相關的問題，並由醫務局人員撰寫劇本、拍攝和製作。電影的播放方式十分有趣——政府通過在貨車配置各項設備例如揚聲器，讓貨車變相成為流動影院。這讓更多市民通過觀看貨車的宣傳片了解了各項衛生資訊。[1] 在 1949-1950 年度，政府繼續通過張貼告示、派發宣傳單張、利用設有揚聲器的貨車等等宣傳防癆信息。不過，政府強調，只有積極治理現有的肺癆個案，減少容易感染群體的人數，並降低人口密度，才可以有效緩和肺癆疫情。[2] 除了宣傳活動，政府還致力打擊隨地吐痰的行為，因為隨地吐痰的行為會增加肺癆傳播的機會。前文提到的史馬醫生曾經指出，肺結核的傳播與隨地吐痰有關係。市民習慣隨地吐痰會增加傳播和感染肺結核的機會。[3] 1947 年的健康週之後，政府開展了一系列打擊市民隨地吐痰的活動。戲院的大熒幕展示了不可隨地吐痰的通告。防止隨地吐痰的巡邏隊還檢控了 246 名在街上隨地吐痰的人士，罰款介乎 10 元至 25 元。[4]

卡介苗注射計劃

整體來說，在 1950 到 1960 年代，香港應對肺癆的方法和當時世界衛生組織的建議類似，在醫學方面的應對方法主要有注射卡介苗（Bacille Calmette Guérin，簡稱 BCG）、找出個案（Case

1 Report of the Director of Medical Services for 1947, p.15.
2 Hong Kong Annual Report by the Director of Medical Services for the year ended 31st March 1950, p.61.
3 CO129/594/8, p.23.
4 Report of the Director of Medical Services for 1947, p.17.

finding）、化療（Chemotherapy）和細菌學（Bacteriology）。[1] 卡介苗得名自法國人卡介，他在第二次世界大戰期間研發出有效預防肺結核的疫苗。[2] 由於疫苗注射工作有助防止肺癆疫情在日後繼續蔓延，在 1949-1950 年度，政府提到未來會考慮推動卡介苗注射計劃。計劃進展比較慢，但政府指出會在未來 18 個月之內實施卡介苗注射計劃。[3] 1951 年 2 月，醫務總監牛頓提到，政府可能在年底推行卡介苗注射計劃，對象為新生嬰兒。嬰兒登記時不但需要具備種痘證，還需要具備卡介苗注射證書。[4] 到 1952 年，卡介苗注射計劃得到政府、世界衛生組織和聯合國兒童基金會的資助。[5] 1952 年 4 月，該計劃正式開展。政府組織了 3 組人員負責疫苗注射，每組包括 3 名負責注射的人員和 1 名文員，接受世界衛生組織提供的訓練。卡介苗注射計劃分為數個階段，首先是向所有學童注射卡介苗，其後是公眾和團體，然後輪到學前兒童和新生嬰兒。[6] 但是，到了 1953-1954 年度，政府微調卡介苗注射計劃的方針。由於有接近 95% 的 15 歲以上市民都被驗出對肺結核呈陽性，政府認為沒有必要花費大量資源找出還未感染肺結核的那 5% 的市民。政府於是把注射卡介苗的焦點群體放在 15 歲以下的新生嬰兒、學前兒童和在學兒童。在該年度，政府派出疫苗注射組到 719 間學校進行肺結核測試和注射

---

1 Lee, The 60-year battle, S50.

2 《華僑日報》，1952 年 11 月 28 日。

3 Hong Kong Annual Report by the Director of Medical Services for the year ended 31st March 1950, p. 61, 75.

4 《工商日報》，1951 年 2 月 15 日。

5 The Hong Kong Anti-tuberculosis Association Annual report for the year ending 31st December 1952, p.3.

6 Hong Kong Annual Departmental Report by the Director of Medical and Health Services for the financial year 1952-1953, p.37.

疫苗，總共為 9,965 名兒童注射疫苗。[1] 自從政府開展 1952 年卡介苗注射計劃後，接近全部新生嬰兒都會在出院前接受卡介苗的注射。自此，初生嬰兒因為肺癆致死的比率出現大幅下降。[2]

綜合上述例子可見，政府在戰後多管齊下，從調查肺結核傳播情況、興建醫療設施、宣傳教育、打擊隨地吐痰等方面應對肺結核疫情。

香港防癆會的工作

正如社會福利政策的章節提到的，官民合作是戰後社會福利政策的基本特徵。非政府組織在應對肺結核疫情方面也作出了重要貢獻，其中一個重要的持分者就是香港防癆會（The Hong Kong Anti-tuberculosis Association）。防癆會的工作包括籌款進行肺結核研究、開展公眾教育活動、購買儀器設備等等。[3] 防癆會的工作正正體現出前文提到的戰後社會福利政策的特點，包括官民合作、社會熱心人士支持社會福利事業等等。舉個例子，曾擔任防癆會主席的周錫年對於防止肺癆擴散十分熱心。1948 年 8 月 29 日，周錫年夫婦及兒子前往美國，原定是去休息的，不過，由於他負責應對肺癆的工作，他在此行順道考察了美國處理肺癆的相關工作，希望獲得更多經驗和資訊作日後參考。[4] 可見，熱心社會人士對推動香港的社會福利事業發揮重要貢獻。同時，政府也積極支持防癆會的工作，例如在

1 Hong Kong Annual Departmental Report by the Director of Medical and Health Services for the financial year 1953-1954, pp.44-45.

2 Lee, The 60-year battle, S50.

3 *Hong Kong Telegraph*, 27 September 1947.

4 《工商日報》，1948 年 8 月 30 日。

1949 年，立法局的財政委員會向防癆會批出 35,000 元的資助，[1] 類近的例子多不勝數。這表明，醫療服務作為社會福利的其中一環，同樣體現戰後發展社會福利事業的特點。

防癆會與社會人士合作應對肺癆疫情，在各方面都取得重要成果。在購買設備方面，何東（1862-1956）早在戰後初期就資助防癆會購買大型的 X 光機，每年可以幫助 5 萬人。[2] 這部由何東捐贈的 X 光儀器為當時最新式的愛克斯光鏡，它安放在瑪麗醫院，暫時由 X 光部門的職員負責管理。這部儀器用來為人們做肺部檢查，自 1947 年 10 月開始投入服務，相信對於及早發現肺癆個案扮演重要的角色。儀器的價格十分昂貴，價值大約 50 萬元。[3] 這部儀器由兩名有豐富經驗的放射師和三名技術人員負責使用。單在 1948 年，便成功拍攝了 4 萬張照片。所有照片都會經過放射師和肺結核病專科醫生討論，討論結果會呈報給政府開辦的夏慤健康院作後續跟進。[4] 從這個例子可見，官民合作模式是應對戰後肺癆疫情的主調，戰後的防癆工作還得到社會上熱心人士的大力支持。

此外，香港防癆會亦有興辦治療肺癆的醫療設施。其中，律敦治療養院是香港防癆會的重要項目，為應對肺結核作出重要貢獻。戰後，防癆會打算興建一所療養院協助治療肺癆病人。[5] 其後，防癆會成功在灣仔前海軍醫院的位置，改建為治療肺癆的療養院。由於得到律敦治家族的 50 萬元資助，療養院將其命名為律敦治療養院。[6] 律敦治療養院的選址最早是興建於 1843 年的海員醫院

1 HKRS41-1-5261, folio 5.

2 Hong Kong Government Annual Report of the Medical Department for 1946, p.6.

3 《工商日報》，1948 年 3 月 10 日；Report of the Director of Medical Services for 1947, p.26。

4 HKRS146-11-1, folio 2.

5 Hong Kong Government Annual Report of the Medical Department for 1946, p.6.

6 《工商日報》，1949 年 1 月 3 日。

（Seamen's Hospital），並在 1873 年改為皇家海軍醫院（Royal Naval Hospital）。後來由於受到戰爭破壞，海軍不再使用這座設施作為醫院。因此，這座建築在戰後演變為治療肺癆的療養院。到 1992 年，律敦治療養院因為建築老化而被拆除。[1] 除了律敦治家族，熱心人士如何東捐贈了 88,000 元，梁耀捐贈了 5 萬元，李世華（1937-2011）亦捐贈了 25,000 元，支持興建律敦治療養院。[2]

1949 年 2 月底，律敦治療養院開幕，由當時的港督葛量洪主持開幕儀式。開幕當日，防癆會主席周錫年和捐助人律敦治陪同葛量洪出席典禮。[3] 在典禮上，律敦治宣佈會增加對療養院的撥款，令他的總資助達到 80 萬元。[4] 律敦治療養院的運作與聖高隆龐女修會（Missionary Sisters of St. Columban）有關。聖高隆龐女修會派出一些曾經在英國接受過有關治療肺結核課程的人士在療養院擔任職員，與其他職員共同營運療養院。早期，療養院只開放 4 間病房，第一位病人在同年的 3 月 1 日入住。[5] 律敦治療養院的床位數量其後有所增加。根據防癆會 1950 年的報告，律敦治療養院的床位由 120 個增加至 130 個。律敦治療養院不但為成人提供治療，還會為兒童提供治療。在 1950 年底，療養院總共有 127 名病人，其中 92 人是成年人、35 名是兒童。只有獲准出院的病人才會在療養院的門診部接受治療。病人會接受不同類型的治療。例如根據香港防癆會在 1950 年的統計，有 31 名病人接受了人工氣腹治療（artificial

1 Michael Humphries, *Ruttonjee Sanatorium, Life and Times*（Hong Kong: Wing Yiu Printing Company, 1996）, pp.1-3.

2 *The China Mail*, 21 February 1949.

3 《工商日報》，1949 年 2 月 25 日。

4 The Hong Kong Anti-tuberculosis Association Annual report for the year ending 31st December 1949.

5 The Hong Kong Anti-tuberculosis Association Annual report for the year ending 31st December 1949.

pneumoperitoneum therapy）、12 人接受人工氣胸治療（artificial pneumothorax therapy）。[1] 律敦治療養院設有不少病房，其中一所是用作紀念在日軍佔領期間、因感染肺結核逝世的廸世夫人（Mrs. Rustom Eduljee Desai）。廸世夫人即律敦治的女兒特敏娜（Tehmi J. Ruttonjee），她於 1944 年 6 月因為感染肺癆而逝世。另有一所病房專門用來照顧感染肺結核的兒童。[2] 1956 年 11 月，香港弱能兒童護助會（Society for the Relief of Disabled Children）在沙灣新開辦了兒童療養院（The Children's Convalescent Home）。律敦治療養院獲得其中 20 張床位，讓患有骨和關節肺結核的兒童在律敦治療養院治理之後，到兒童療養所療養。[3] 可見，律敦治療養院不但照顧感染肺結核的成人，還會為感染肺結核的兒童提供醫療服務。圖 7.5 是律敦治療養院；圖 7.6 是擴建後的律敦治療養院。

除了開辦律敦治療養院，防癆會總部本身就具備多項功能，有助推動防癆工作。早在 1947 年，有報導指防癆會計劃興建總部，並會設立診療所等設施。防癆會公開呼籲熱心人士捐款支持。[4] 1950 年 9 月 20 日，身兼紀念戰爭烈士基金委員會主席的署理首席法官（Acting Chief Justice）威廉士（E.H. Williams）為防癆會總部的建築工程奠基。工程的造價連同購買設備的成本總共為 34 萬元。周錫年提到，這座建築對於開展防癆會的教育和實地考察工作有重要作用。他指出，總部有一個能容納 120 人的演講廳、參考圖書館、記錄和數據部門等等，能從不同方面促進防治肺結核的工作。[5] 1951

---

1 The Hong Kong Anti-tuberculosis Association Annual report for the year ending 31st December 1950, pp.1-2,10-12.

2 *The China Mail*, 21 February 1949.

3 The Hong Kong Anti-tuberculosis Association Annual report for the year ending 31st December 1956, p.13.

4 《工商日報》，1947 年 4 月 21 日。

5 *South China Morning Post*, 20 September 1950.

圖 7.5

圖 7.6

圖 7.7

年，防癆會建築委員會的主席斯特利（D.L. Strellett）協助籌辦興建總部事宜。防癆會總部有數個主要功能，包括處理防癆會的行政事務，開辦門診服務，設立教育中心和數據部門。[1] 1951 年 5 月 25 日，防癆會總部舉行開幕典禮，並由港督葛量洪揭幕。[2] 圖 7.7 是防癆會總部。與之前的規劃相近，防癆會總部積極加強宣傳教育工作、提供肺結核門診服務等等，有助於防止肺結核擴散，例如設有卡介苗注射診所，提供場地播放與衛生教育相關的電影。而且，聖約翰救傷隊每星期會使用總部的演講廳一次，開展教學和急救示範

1 *South China Morning Post*, 22 February 1951.

2 《工商日報》，1951 年 5 月 25 日。

活動。[1] 可見，防癆會總部有助開展衛生教育和預防肺結核傳播的工作。

再者，防癆會展開了多項宣傳教育工作，提高市民的衛生意識和對肺結核的關注。1946 年，香港防癆會展開了一系列宣傳活動，旨在宣傳改善營養和居住環境、及早發現並報告肺癆個案、減少隨地吐痰。[2] 1951 年，防癆會設立的衛生教育委員會（Health Education Sub-Committee）調查如何推廣防治肺結核相關的衛生教育工作，希望減少肺結核的染病人數。委員會由防癆會主席周錫年擔任主席。[3] 1952 年，防癆會派發 3 萬張宣傳不再隨地吐痰的海報，並得到市政局協助張貼。同年，防癆會製作了一些中英文單張，讓市民了解肺結核的成因和感染途徑。有單張的內容是鼓勵染病的市民盡快入院接受適當的治療。而且，防癆會還通過從海外購買電影，宣傳衛生意識。防癆會亦計劃和香港大學病理學系（Pathological Department）合作舉辦展覽，向公眾解釋肺結核的病因學知識。[4] 1953 年，防癆會派發了 5 萬張海報，還得到區域總監（District Commissioner）幫助將海報派發到新界，讓更多市民了解防癆資訊。同年 10 月起，麗的呼聲（Rediffusion）電台還會播放 52 個相關的講座。[5] 上述例子證明，防癆會積極通過各種媒介提高市民對肺結核的認識。

---

1 The Hong Kong Anti-tuberculosis Association Annual report for the year ending 31st December 1952, pp.2-3.

2 Hong Kong Government Annual Report of the Medical Department for 1946, p.6.

3 The Hong Kong Anti-tuberculosis Association Annual report for the year ending 31st December 1951, pp.4-5.

4 The Hong Kong Anti-tuberculosis Association Annual report for the year ending 31st December 1952, pp.4-5.

5 The Hong Kong Anti-tuberculosis Association Annual report for the year ending 31st December 1953, pp.3-5.

防癆會的卡介苗注射計劃

在政府推行注射卡介苗的計劃之前，防癆會就已經十分關注兒童肺結核問題，並注意到為兒童注射卡介苗的重要性。1950 年，超過 25% 肺結核致死的個案都是年齡不足 5 歲的兒童。兒童感染肺結核致死的情況引起關注。有見及此，防癆會打算成立一個兒童之家，照顧生活在肺結核感染家庭的兒童。原因是生活在這些家庭的兒童，有較高感染肺結核的風險。而且，這些兒童年紀較小，免疫力或許更加低。防癆會或許考慮到這些因素，決定成立兒童之家。防癆會在暫時託管這些兒童之前，會確保他們並沒有感染肺結核。其後，防癆會打算為兒童注射卡介苗作預防之用。為確保疫苗能發揮效果，防癆會認為將這些兒童隔離 6 到 8 個星期，遠離肺結核的感染群體會是理想的做法。當時，防癆會已經跟政府商討這項建議，希望獲得政府資助興建包括 100 個床位和遊樂設施的兒童之家。[1] 1952 開展的卡介苗注射計劃也和防癆會有關。防癆會從 1952 年 5 月 6 日開始，在其總部開設一間日間診所，由 4 名護士和 1 名護士長負責協助注射卡介苗。計劃開展初期，每日有以千計的人士來排隊注射卡介苗。[2] 因此，防癆會對協助市民注射卡介苗，防止肺癆在香港擴散作出貢獻。根據防癆會的統計，1952 年 5 月 6 日至 12 月 31 日，總共有 74,101 人接受皮膚試驗注射，最主要的年齡群組是 20-29 歲、有 26,910 人接受皮膚試驗注射；其次是 30 歲以上的市民，有 18,669 人接受皮膚試驗注射。[3] 由此可見，防癆會為不少市民

1 The Hong Kong Anti-tuberculosis Association Annual report for the year ending 31st December 1950, p.4.

2 The Hong Kong Anti-tuberculosis Association Annual report for the year ending 31st December 1952, p.3.

3 The Hong Kong Anti-tuberculosis Association Annual report for the year ending 31st December 1952, p.14.

提供注射卡介苗服務，協助預防市民感染肺結核。

療養所、兒童醫療服務與葛量洪醫院[1]

1950年年底，防癆會主席周錫年向政府提出，防癆會希望申請將巴里士山住宅（Mount Parish Quarters）改建成上文所述的兒童之家用途，該建築與律敦治療養院非常接近。工務局長向副輔政司提到選址適合用作上述用途，態度似乎較為正面。不過，1951年2月，輔政司指出這個項目需要延遲進行。[2] 到1953年5月，周錫年提出另一個方案，就是將上述選址改為興建可以照顧100名肺癆病人的療養所，理據是選址跟律敦治療養院較近，無需重複興建廚房、洗衣部門、員工宿舍等各項設施。防癆會計劃將省下來的資金用作照顧更多的肺結核病人。經過多次磋商，提案最終獲行政局通過，要求英國政府考慮有關建議。最後，英國政府也同意向防癆會批出位於巴里士山（Mount Parish）、大約17,500平方呎的土地。[3] 1956年，防癆會在巴里士山的傳麗儀療養院（Freni Memorial Convalescent Home）[4] 開幕，為律敦治療養院一些仍未符合條件出院或上班、但又沒有太多醫療需要的病人提供過渡的醫療服務。傳麗儀療養院和律敦治療養院僅相距5分鐘的步行距離，設施包括飯廳、共同使用的休息室、花園等等。青年總商會（Junior Chamber of Commerce）間中會到療養所提供娛樂活動，防癆會亦計劃日後為病人開設手工班。療養所有3名廚房職員和1名管家居住在此，而2

1 The Hong Kong Anti-tuberculosis Association Annual report for the year ending 31st December 1953, p.5.

2 HKRS156-1-3364, folio 1-2.

3 HKRS156-1-3364, folio 1-2, 8, 12-16, 18.

4 傳麗儀療養院是以律敦治的女兒傳麗儀（Freni J. Ruttonjee）命名。

名來自律敦治療養院的護士會在日間到療養所當值。到了晚上，居住在療養所的管家會協助療養所的晚間運作。病人出院後需繼續服用抗肺結核藥物，並定期到肺結核病診所複診。[1] 傳麗儀療養院今天已改為傳麗儀護理安老院，但傳麗儀的肖像仍然掛在大堂升降機上方。

1952 年，防癆會申請在赤柱舂坎角興建新的肺癆療養院，面積大約為 23 萬 6 千平方呎。由於地勢問題，水供應不足是一大問題，署任政府水務工程師積遜（L. Jackson）指出，有必要在赤桂崗水塘（Stanley Mound Water Reservoir）興建新的水泵。考慮到成本效益，他建議新水泵不應只是為這個項目提供服務，還可以為日後淺水灣以西的發展項目提供足夠用水。[2] 1955 年，有報導指政府已經批出一幅位於黃竹坑磚山（Brick Hill，今南朗山）後方的土地，讓防癆會興建新的醫院。按照規劃，新的防癆醫院為 8 層高，其中 4 層為普通病房，每層有 72 張病床，收費為每人 14 元。另外 4 層就是特別病房，收費為每人 25 元。[3] 原來，政府曾向防癆會提供 250 萬的免息貸款，條件為興建一所新的防癆醫院。[4]

這座防癆醫院就是日後廣為人知的葛量洪醫院。圖 7.8 是葛量洪醫院。據防癆會的說法，這座醫院得到當時的港督葛量洪的大力支持，因而命名為葛量洪醫院。政府還增加了財政支持，總共提供了 375 萬元的資金（包括貸款和資助），幫助興建這所醫院。原本的計劃是興建 5 層高的醫院，由於得到政府的進一步支持，防癆會將建築規模擴大到 8 層高，預計可為 540 名病人提供醫療服務。醫

1 The Hong Kong Anti-tuberculosis Association Annual report for the year ending 31st December 1956, pp.11-13.

2 HKRS156-1-3694, folio 1-3.

3 *Far East Economic Journal*, 22 September 1955, p.379.

4 HKRS156-1-3694, folio 2.

圖 7.8

院會為女性、男性和兒童病人提供治療，設有洗衣房、廚房等設施。1956 年，在英國學習肺結核研究生課程的韋斯（R.C. Ruiz）醫生獲聘為未來葛量洪醫院的院長。5 名醫生亦會先在律敦治療養院進行實習，其後進入新落成的葛量洪醫院工作。防癆會還會資助這些醫生到英國修讀肺結核治療文憑課程（Tuberculosis Diseases Diploma），以確保他們具備專門的資格照顧肺結核病人。[1] 經過一輪籌備工作之後，1957 年 6 月 6 日，港督葛量洪主持了葛量洪醫院的開幕典禮。醫院設計合理，設有非常先進的儀器，當中包括最先進的 X 光機、內置滅菌器材等等。由於興建葛量洪醫院的資金都是來自政府的資助或借貸，它體現出官民合作的社會福利事業發展模式。醫院會在 6 月 16 日開始接收病人，為補貼防癆會的開支，每

1 The Hong Kong Anti-tuberculosis Association Annual report for the year ending 31st December 1956, pp.1-3.

人每日的住院費用為 18 元。[1] 可見，防癆會的工作涵蓋不同層面，從興建防癆療養院到宣傳教育工作等等，為應對戰後的肺結核傳染問題作出重要貢獻。香港防癆會於 1967 年改名為香港防癆及胸病協會（The Hong Kong Anti-Tuberculosis and Thoracic Diseases Association）。[2] 再在 1980 年改名為今天的香港防癆心臟及胸病協會（The Hong Kong Anti-Tuberculosis Heart and Chest Diseases Association）。[3]

社會各界人士的努力

前文提到，防癆會開展了各方面的工作防止肺癆擴散。不過，防癆工作需要籌集大量資金，報紙上也出現很多關於防癆會募捐的報導。幸而，社會上有不少熱心團體支持防癆工作，為各項防癆工作籌集資金。1947 年 10 月，娛樂戲院上映由百代公司出品的電影《紅顏未老恩先斷》，並會將電影的 10% 收入捐贈給防癆會。[4] 1949 年 6 月，銅鑼灣的樂聲戲院將其中一部電影的 9 點場次的所有收入捐贈給防癆會。[5] 1949 年 5 月，廠商會答應捐助律敦治療養院 10 張病床，每張病床每年大約需要 3,500 元。[6] 1949 年 8 月，鐘聲慈善社在西環游泳場舉行遊藝會，旨在為防癆會籌集經費。[7] 1950 年 6 月，

1 *South China Morning Post*, 7 June 1957.

2 The Hong Kong Anti-Tuberculosis and Thoracic Diseases Association Annual Report for the year ending 31st December 1967, p.10.

3 The Hong Kong Anti-Tuberculosis Heart and Chest Diseases Association Annual Report for the year ending 31st December 1980, p.5.

4 《工商日報》，1947 年 10 月 2 日，1947 年 10 月 23 日。

5 《華僑日報》，1949 年 6 月 3 日。

6 《大公報》，1949 年 5 月 18 日。

7 《工商日報》，1949 年 8 月 7 日。

東樂大戲院將其中一日的全日收入捐贈給防癆會。[1] 鐘聲慈善社亦在1950 年 6 月舉行龍舟競賽，為防癆會和東華三院籌集善款。[2] 1953 年，香港賽馬會向防癆會捐贈 60 萬，支持在律敦治療養院興建新的職工宿舍和大樓的新翼，新翼命名為賽馬會大樓（Jockey Club Wing）。[3] 除了籌款工作，有團體提供照 X 光的服務，助力及早發現感染肺結核的個案。1952 年 1 月 20 日，港九工會聯合會的工聯 X 光檢驗所正式揭幕。X 光檢驗所位於油麻地廣東道，工人醫療所的醫師會為有需要的工人撰寫一封轉介信，轉介他們到 X 光檢驗所照 X 光，每次收費 10 元。[4] 圖 7.9 是防癆會賣旗籌款活動的旗。圖 7.10 是防癆會 50 週年紀念的全張。

東華三院也積極配合和支持推動防止肺癆擴散。宣傳工作方面，1947 年 11 月 19 日晚，東華醫院在大禮堂播放了一套來自美國的防癆醫學影片。其後，這套影片亦會在廣華醫院和東華東院播放。這套影片是無聲的，以字幕解釋影片內容。其內容主要包括醫生如何醫治肺癆病人，護士如何從中協助，以及如何使用新型器材協助治療。由於這套影片介紹的是當時一些治療肺癆的專業方法，有助增加醫護人員對治療肺癆的認知。[5] 因此，影片的受眾主要是醫護人員，東華醫院的醫生、護士都前來觀看。有關補充營養和清理寮屋的電影也在公開場合和學校播放，引起市民的廣泛關注。[6] 東華三院同時積極支持捐款活動。司徒永覺醫生曾擔任防癆會的主席，他呼籲善長捐助防癆會，推動防止肺癆擴散的工作。根據 1947 年 4

1 《工商日報》，1950 年 6 月 6 日。
2 《工商日報》，1950 年 6 月 17 日。
3 *South China Morning Post*, 7 June 1957.
4 《大公報》，1952 年 1 月 20 日。
5 《工商日報》，1947 年 11 月 20 日。
6 Hong Kong Government Annual Report of the Medical Department for 1946, p.6.

THE H. K. ANTI-TUBERCULOSIS
AND THORACIC DISEASES ASSN.
香港防癆及胸病協會

圖 7.9

防癆慈善票 • Christmas Seal
Pioneers of the Hong Kong Tuberculosis Association
Sister Mary Aquinas, OBE, FRCP
The Hong Kong Tuberculosis, Chest
and Heart Diseases Association
香港防癆心臟及胸病協會
50 週年紀念
th Anniversary
(1948 - 1998)

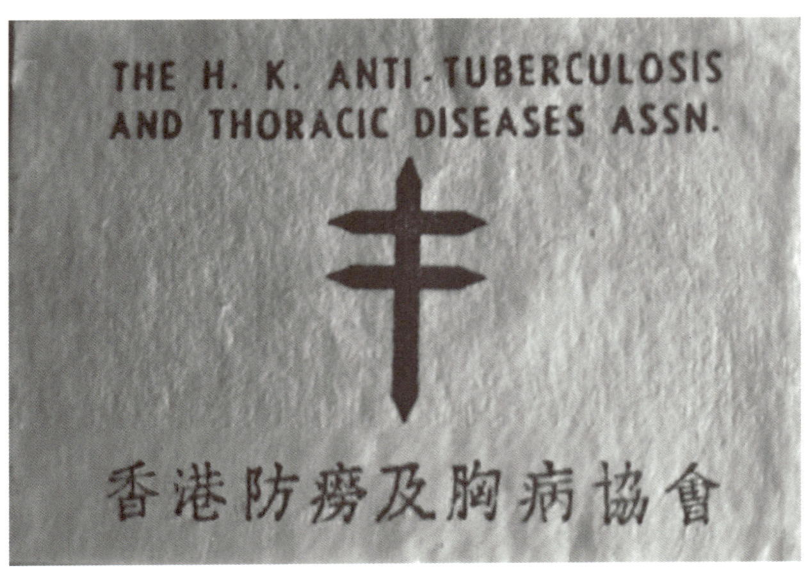

圖 7.10

月的報導，東華三院的主席和總理曾經捐助 400 元支持防癆會，東華醫院、廣華醫院和東華東院的護理職員曾分別向防癆會捐贈 100 元。[1] 1949 年 6 月，東華三院前主席徐季良發佈文章，呼籲社會上的各界人士踴躍捐助、支持防止肺癆擴散的工作。[2] 除了支持防癆會的工作，東華三院亦有照顧肺結核病人。1948-1949 年度，東華三院照顧了 40 名病情較為嚴重的肺結核病人。[3]1953-1954 年度，東華三院還額外提供 259 張照顧肺結核病人的病床，收治病情較為嚴重的病人。[4] 1957 年，負責處理肺結核事宜的澳洲衛生部官員溫打利（Harry Wunderly，1892-1971）曾經到訪東華三院的肺結核病房。[5] 由此觀之，東華三院亦有參與應對戰後的肺結核疫情。

小結

肺結核疫情得到有效控制，無疑和社會上各持分者熱心控制肺結核傳播有密切關係。尤其在戰爭結束初期，政府缺乏足夠的資源同時應對多項重建工作，需要謹慎調配資源，並和社區組織合作應對肺結核擴散的問題。從上文可見，政府、防癆會、以及社會上的熱心人士推動了各方面的措施預防和治療肺結核，並取得重大成果。預防感染方面，卡介苗注射計劃無疑對防止肺癆日後繼續擴散發揮重要作用，尤其是保障了兒童和嬰兒的健康。新生嬰兒應盡快接種卡介苗的觀念至今依然存在，可謂得益於戰後開始的防治肺結

1 *South China Morning Post*, 27 April 1947.
2 《華僑日報》，1949 年 6 月 17 日。
3 Annual Report of the Director of Medical Services for the period 1st January, 1948 to 31st March, 1949, p.70.
4 Hong Kong Annual Departmental Report by the Director of Medical and Health Services for the financial year 1953-1954, p.38.
5 *South China Morning Post*, 17 August 1957.

核工作。而成立數十年的葛量洪醫院，從專門診治肺結核變成提供多項專科服務的醫院，則既見證了數十年以來的醫療發展，還間接證明香港成功應對肺結核傳播的衛生風險。

從宏觀的角度分析，醫療服務作為社會福利事業的其中一個範疇，自然也體現出戰後社會福利事業的特點——官民合作。政府通過批出土地、借貸或資助等方式支持慈善團體的工作，慈善團體則通過實踐有關的社會福利工作，協助政府向有需要的市民提供社會福利服務。上文論及政府和防癆會之間的互動，例如興建葛量洪醫院等等，正正體現出這種雙贏的合作關係。與此同時，肺結核雖然是一種傳染病，但其傳染原因、預防及治療方案往往不只關涉醫療因素。有部分醫療專家強調，人口密度、房屋供應、衛生教育等等也是影響防治肺結核的重要因素。治療方面，應對肺結核涉及社會福利補貼、改善居住環境等不同範疇的措施。綜合來說，醫療、房屋、教育等社會福利事業往往是環環相扣、互相影響。

08

基建設施與城市規劃

城市規劃涉及人口分佈、土地用途、交通網絡等不同範疇，對於城市的長遠發展十分重要。回顧香港發展史，不能不提及亞拔高比的城市規劃報告，其可謂戰後香港城市規劃的藍圖。政府自 1950 年代起逐步落實亞拔高比報告的建議，開拓新市鎮，建設海底隧道、啟德機場擴建工程，以及九龍公園、大會堂等公共設施，促進城市繁榮，改善市民生活，影響一直持續到今日。

民事政府的城市規劃策略：亞拔高比規劃報告

若提到民事政府的基建設施，最為關鍵的就是亞拔高比的城市規劃報告。城市規劃涉及人口分佈、土地用途、交通網絡等不同範疇的發展，對於香港的長遠發展十分重要。民事政府也有注意到城市規劃對於香港發展的重要性。當時的工務局長認為香港缺乏城市規劃專家籌劃全盤重建工作，他打算和港督楊慕琦商討如何規劃香港戰後的城市發展。[1] 1946 年 11 月，楊慕琦發電報給上級官員，表示他根據發展及福利委員會下的房屋和城市規劃小組的建議，政府需要尋找一位具有很高聲望的城市規劃專家制定城市發展計劃。楊慕琦提出，需要找一位擅長規劃港口區域發展的專家，人選應具備制定填海發展計劃和規劃大型城市經驗。楊慕琦建議聘請亞拔高比（Sir Patrick Abercrombie）或同級專家，理由是亞拔高比或同級專家除具有權威性外，還有規劃「殖民地」的經驗，這絕對有助減低推行城市規劃策略的阻力。[2] 1947 年 5 月 14 日，亞拔高比和「殖民地部」官員、港督葛量洪開會。他答應在香港調查大約 6 個星期，協

1 HKRS41-1-3321, folio 1-2，第四次會議紀錄第三項。

2 CO129/614/2, p.149.

助規劃香港的城市發展。亞拔高比亦會盡快向港府提出所需的資料和協助人員，例如製圖員和測量員，以便他在香港進行考察工作。[1]

在民事政府眾多的重建規劃之中，亞拔高比規劃報告是其中一份重要的規劃策略報告，可謂戰後香港城市規劃的藍圖。亞拔高比有近 30 年時間在利物浦大學和倫敦大學擔任建築及城市規劃教授。他也是英國皇家建築師學會副主席及其金牌得主。亞拔高比曾經負責大倫敦城市規劃（Greater London Plan）、塞蒲路斯（Cyprus）城市規劃、埃塞俄比亞（Ethiopia）首都亞的斯亞貝巴（Addis Ababa）城市規劃、普利茅斯（Plymouth）城市規劃、赫爾（Hull）城市規劃等重要城市規劃工作，經驗十分豐富。1947 年 11 月 2 日，亞拔高比乘坐英國航空公司（B.O.A.C.）的航班飛抵香港。[2] 亞拔高比對香港的第一印象是一個非常擁擠的城市，但市民仍能保持大致衛生潔淨的生活環境，並保持開朗和藹的性格。[3] 亞拔高比其後完成了一份規劃報告，這份報告可謂戰後香港城市規劃的重要文件。圖 8.1 是亞拔高比。

亞拔高比曾在 11 月 17 日接受傳媒訪問，提到他暫時並沒有任何規劃香港城市發展的藍圖。由於香港缺乏足夠的平地，亞拔高比認為這對於建築大型的住宅社區構成挑戰。在規劃香港的城市發展時，亞拔高比會諮詢各部門和地區人士的意見，並會整理一份初步的規劃報告。[4] 11 月 25 日，亞拔高比在香港扶輪社的午餐例會做演講，講題為「一些關於城市規劃的想法」。是次例會由扶輪社主席蔣法賢醫生主持，參加的社會名人有顏成坤（1900-2001）、施玉麒

1 CO129/614/2, pp.22-23.

2 *South China Morning Post,* 4 November 1947.

3 *South China Morning Post,* 8 November 1947.

4 *The China Mail,* 8 November 1947.

圖 8.1

（1904-1979）牧師等。亞拔高比在會上提到，城市規劃就像組裝機器，主要涉及四大零件，包括房屋、就業、交通運輸和公共空間。由於香港是一個港口城市，商業區域應在城市規劃之中獲得優先考慮。而住宅應分佈在學校、醫院和社區中心附近。而且，為了應對交通擠塞的問題，政府確實有必要興建海底隧道。在講座裏，他一直強調公共空間的重要性，並指出公共空間能作為城市和郊區的緩衝區。他認為香港的道路規劃過時，以致出現不少小街窄巷。如果規劃得當，這些小街也能變成公共空間。在他看來，興建遊樂場也是一種增加公共空間的方法。[1] 亞拔高比在同年 12 月 6 日乘坐英國航空公司的「快雀」（Speedbird）號航機離開香港。[2] 亞拔高比原本預計需要 3 個月完成報告，但是政府過了 8 個月仍未收到報告，於是向「殖民地部」查詢報告的進度。[3] 1948 年 9 月 29 日，政府收到亞

1 *The China Mail*, 26 November 1947; *South China Morning Post*, 26 November 1947.

2 *South China Morning Post*, 7 December 1947.

3 CO129/614/3, p.31.

拔高比的報告。到了 11 月 16 日，麥道高表示政府還未詳細閱讀該報告，但已經就報告準備了一份勘誤表，包括修改錯字和錯誤的地名。[1] 1949 年 8 月，有消息指政府正在印刷亞拔高比報告。[2] 其後，政府在同年的 9 月 21 日黃昏時間向傳媒公佈了亞拔高比報告的內容。[3]

亞拔高比的初步報告

亞拔高比首先在報告中指出，這份報告涵蓋短期和長期的發展建議，並不局限於發展與福利計劃的範圍。報告內容不但包括 10 年的規劃建議，也包括最長達 50 年的規劃建議。亞拔高比認為，隨着建築技術進步和實際條件的轉變，政府需要因時制宜，隨時修改規劃報告的內容。因此，這份報告主要提供一些整體的方向。亞拔高比在制定這份報告的時候，指出香港當時具備兩大特點，即可用的土地較少、人口增加的幅度較難估計。[4] 而且，亞拔高比亦指出，報告的依據是 1935 年奧雲（W.H. Owen, 1871-1937）的房屋報告（Housing Commission's Report）及其《法例草案》（*Draft Bill*）、1941 年大衛奧雲爵士（David Owen）的海港發展報告和規劃處（Town Planning Office）準備的初步調查、數個禮拜的實地考察、訪問和閱讀報告。但這些報告需要經過更詳細完備的調查，例如有關房屋狀況、辦公大樓的面積、工業位置、道路交通狀況的調查，才能擬定最終的發展計劃。[5]

亞拔高比在報告中提出了多方面的城市規劃建議。整體而言，

---

1 CO129/614/3, pp.12-15.

2 *South China Morning Post*, 11 August 1949.

3 *South China Morning Post*, 22 September 1949.

4 CO129/614/4, p.30.

5 CO129/614/4, p.29.

他認為主要的市區活動應該集中在港島和九龍。不過，雖然人口增長實在是難以準確計算出來，亞拔高比就以 1948 年年初的人口數量作出推算。他估算香港當時有 100 萬人居住在九龍和港島、30 萬人居住在舢板或浮船、以及 20 萬人居住在新界。由於土地實在非常有限，政府只能按照先前的決定，統計九龍及其附近的區域所能夠容納額外的人口數量，而非預估未來的人口增長來規劃。根據一些臨時的調查，九龍區理應能容納多 50 萬人口，其中 10 萬人需要從港島區和九龍區過度擁擠的地方遷出。

亞拔高比指出，房屋問題是當時最嚴重的問題，因為人口的居住密度十分高——2,000 人居住在一畝土地上。奧雲報告建議密度應該為每畝地 504 人，亞拔高比則對此作出了一些微調，並提出每畝地可以興建 24 個建築單位，一個建築單位可以有三間住所。一家七口的居住面積約 315 平方呎，每人平均約 45 平方呎。亞拔高比準備把人口密度降低到 300 人一畝地的數字。不過，在制定有關人口密度的政策時，政府既必須考慮醫務處醫官有關肺結核與人口密度的報告，也應當考慮社工和社會福利相關的資料，以決定把人口分佈密度降低到 300 人一畝還是 504 人一畝。

九龍區的人口和土地預算如下：

A. 何文田東 200 畝（57,000 人）

B. 九龍仔東 325 畝（92,623 人）

C. 九龍塘 275 畝（78,375 人）

D. 青山道 125 畝（35,625 人）

E. 觀塘填海 175 畝（49,875 人）

F. 紅磡填海 150 畝（42,750 人）

G. 醉酒灣 200 畝（57,000 人）

H. 荃灣 193 畝（55,005 人）

I. 啓德北 350 畝（港島移遷）

總共為 50 +10 萬人

根據亞拔高比的估算，為了達致最多 500 人一畝地的密度目標，政府既需要移出 156,670 名居住在港島擠迫區域的市民，也需要移出 29,250 名居住在九龍擠迫區域的市民。由於在北角的 100 畝山地可容納大約 5 萬名需要搬離港島擠迫區域的居民和大約 3 萬名海軍船塢職工，亞拔高比預計港島還剩下 76,670 名需要搬離擠迫區域的人口。將這些人口加上 29,250 名居住在九龍擠迫區域的人口，政府就需要在九龍區興建可容納 105,920 人的「衛星城市」，以容納所有需要搬離擠迫區域的市民。

工業用地方面，亞拔高比尊重香港的地鋪上設住所（俗稱地舖上居）習俗，即是將住所的地面那層改為商舖、工作室、倉庫或士多的習慣。根據亞拔高比報告所繪的圖則，他將工業區分為四大類，分別是輕工業區（light industrial zone）、重工業區（heavy industrial zone）、厭惡性行業區（offensive trade zone）和輕重工業混合區（light and heavy industrial zone）。見圖 8.2。

道路規劃方面，香港的道路明顯地分為平路和山路，平路多為十字型，山路則是根據等高線興建。當時的主要幹道，例如港島的德輔道、皇后大道和軒尼詩道、九龍的彌敦道都未能發揮幹道分流的作用。亞拔高比認為，未來的道路建設受到兩大轉變所影響，分別是遷徙海軍船塢和火車總站。彌敦道應該扮演和德輔道、皇后大道、軒尼詩道一樣的，即作為主要幹道的角色。政府也應該建設一條現代的主要幹道，由大埔道的配水庫到尖沙咀的隧道入口。關於港島的山路建設，亞拔高比認為，政府未來不應為個別的單位或小規模的別墅住宅興建道路，以善用資源。政府也需要在各區興建停車場，而未來海底隧道的入口需要有大規模的停車場。見圖 8.3。

PLAN TO ILLUSTRATE
SIR PATRICK ABERCROMBIE'S
REPORT ON HONG KONG
REFERENCE
RESIDENTIAL ZONE
LIGHT INDUSTRIAL ZONE
HEAVY INDUSTRIAL ZONE
OFFENSIVE TRADE ZONE
LIGHT AND HEAVY INDUSTRIAL ZONE
Heavy
Light
Offensive
Heavy
Light
Light &Heavy
Heavy
Light & Heavy
Heavy
Offensive
Light&Heavy

圖 8.2

PLAN TO ILLUSTRATE
SIR PATRICK ABERCROMBIE'S
REPORT ON HONG KONG
REFERENCE
RESIDENTIAL ZONE
LIGHT INDUSTRIAL ZONE
HEAVY INDUSTRIAL ZONE
OFFENSIVE TRADE ZONE
LIGHT AND HEAVY INDUSTRIAL ZONE
九廣鐵路
建議火車站

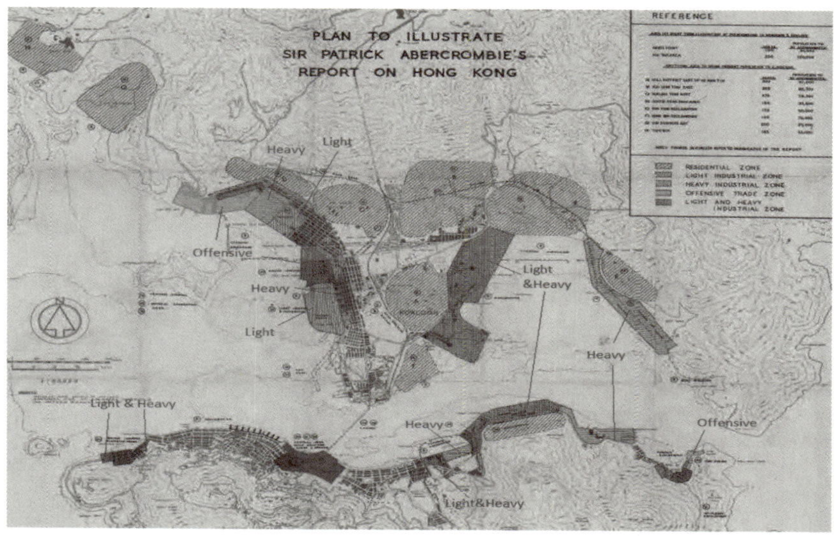

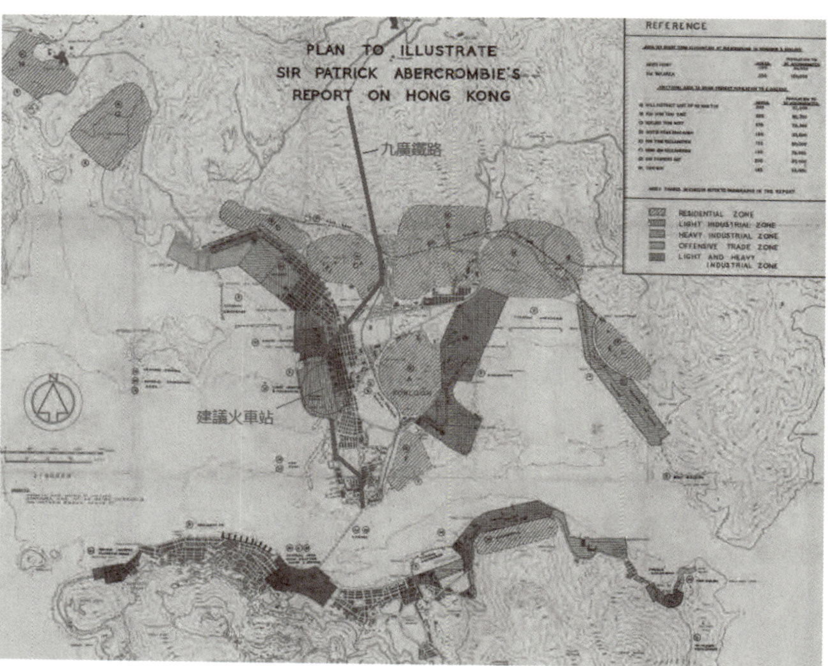

圖 8.3

亞拔高比認為，建設連結九龍和港島的海底隧道是香港發展最大的單一城市規劃工程。建設海底隧道有不少效益，例如，可在九龍和新界興建更多住宅，提高市民上班的效率等等。雖然工程技術和資金是兩大考慮因素，但是政府實在有必要興建一條海底隧道，只是落成時間早與晚的分別。政府在選擇興建跨海大橋或者隧道的時候，需要考慮到港島和九龍的 100 萬居民只是相距 1 哩。亞拔高比似乎暗示過海隧道更合乎成本效益。港島和九龍需要有鐵路連接。鐵路電氣化之後，興建由新界直接到港島的鐵路有助促進帶旺農業和漁業，以及滿足市民的康樂活動需要。

再者，亞拔高比提議將海軍和陸軍的軍事用地搬離市區，以增加可以發展的土地面積。例如，搬離皇后大道的軍事設施能增加行政和商業中心區一倍的面積。亞拔高比暫定選址為大潭灣。完成搬離香港和九龍海軍船塢（Hong Kong and Kowloon Dockyards）的工作後，軍部在港島的維多利亞兵房、花園道兵房、九龍槍會山的總部等等也需要縮減面積。赤柱監獄也要另行選址，並要發展赤柱為新市鎮，以安置 30,000 名在海軍船塢和兵房工作的職工，同時為居住在赤柱的海軍和陸軍人員分別興建一些康樂設施。

除了上述方面，亞拔高比提出中環的土地能用作三大用途，分別是管治、商業和購物中心。政府也要考慮預留位置發展酒店。據他的估計，大部分平地理應會用作興建商舖和辦公室。再且，香港缺乏足夠的公共建築物，例如沒有大會堂、文娛中心、美術館、博物館、公共圖書館、劇院等。因此，亞拔高比提議，應更好規劃和重建香港的中心地帶，暗示應興建更多的公共建築，例如大會堂。

亞拔高比提議，通過設立小型遊玩的地點或者公園，擴展公共空間。他列出了擴展公共空間的實際範疇，建議政府設立一套管理和設立公園的政策系統，包括興建小型遊樂場和遊憩公園，尋找大面積的平地興建公園，運用綠化帶的理念建設瞭望台和行山徑，善用新界的康樂用地、將昂船洲發展為旅遊用地，建設連接公共空間通道，以及推動植樹工作。具體地說，亞拔高比認為在小型遊樂場方面，應該以每 1,000 人擁有半英畝的小型遊樂場設施為目標。部分威菲路兵房（Whitefield Barracks）的土地經過平整後，可用作遊樂用地，這就是現在的九龍公園。亞拔高比亦建議，在沙田展開填海工程，增加用作康樂用途的平地面積，這是今天的賽馬場和彭福公園。同時，由於在戰爭期間砍伐了不少松樹，政府需要通過植樹加強保護水資源和避免土壤侵蝕。

亞拔高比報告的內容十分廣泛，不但包括上述的規劃建議，亦就發展旅遊業提出初步的計劃。他指出，旅遊業能夠令香港變得更為繁榮，市民也能獲得不少益處。政府在發展旅遊業的時候，需要作全盤規劃，不能只建設個別特別的旅遊景點。亞拔高比提出了一些具體建議，包括在大帽山及附近區域興建酒店和高爾夫球場，在新界發展馬場、鄉村俱樂部和高爾夫球場，推廣新界的鄉村生活及中國傳統文化等等。[1]

跨海基建：海底隧道與其他方案的討論

正如前文提到，亞拔高比曾經強調興建跨海隧道的重要性。而戰後政府一直都有考慮不同方案，思考如何連接維港兩岸區域。1951 年，有報導指出政府正在考慮興建跨海大橋或者海底隧道連接維港兩岸。政府雖然已經在原則上同意興建海底隧道，但是由於跨海大橋的成本效益和保養費比較低，政府同時會考慮興建跨海大

1 CO129/614/4, pp.29-50.

橋的方案。雖然隧道的造價比較貴，但是跨海大橋也不是毫無缺點的方案。跨海大橋容易受到颱風威脅和防礙大型船隻往來，為此，政府還需要作進一步的研究，才能決定興建大橋還是隧道。政府強調，不論選取哪個方案，海軍船塢必須遷出原址才能夠騰出空間用於興建跨海基建。[1] 1956 年，夏利文置業公司將跨海大橋的方案遞交給政府參考。方案提到，大橋的造價為 1 億 5,200 萬元，比海底隧道的造價低 900 萬元。根據這份大綱，跨海大橋會有 5 個、每個 900 呎的橋拱，架起整座大橋。至於集資方面，計劃書亦提到政府可成立一個負責建設大橋的委員會，並由發展或貸款公司支持建橋計劃。委員會可以通過發行股票集資，政府亦可加入成為大橋的股東，吸引商人投資。而營運到若干年後大橋將會歸還政府，有助減少政府基建支出和拓寬政府的收入來源。[2] 1955 年，有報導亦指出興建跨海大橋比起興建隧道更具成本效益，例如在鯉魚門海峽興建一條跨海大橋，不但能讓船隻繼續通過海峽，成本也低於興建海底隧道。[3]

1950 年代，社會各界積極討論興建跨海基建的各個方案，主要包括海底隧道方案、跨海大橋和屈臣的「西部方案」（Western approaches）。所謂「西部方案」就是興建連接港島西部、青州、昂船洲和深水埗的一連串道路。屈臣認為他的方案不但成本較低，還可以發揮交通分流的作用，避免尖沙咀和中區面對嚴重的交通擠塞問題。為配合這個方案，屈臣提議填海興建人工島（Kellet Bank），並在昂船洲填海 50 英畝。[4] 1957 年 3 月 28 日，區博（K.B. Allport）

---

1 《大公報》，1951 年 8 月 23 日。

2 《工商日報》，1956 年 6 月 23 日。

3 *South China Morning Post,* 24 September 1955.

4 *South China Morning Post,* 7 November 1956.

和屈臣（K.A. Watson）就跨海基建方案舉行了公開辯論。區博認為，興建一條五線、兩層高的收費跨海大橋是可取的。屈臣則認為，他提出的「西部方案」更為可取。在辯論中，區博認為屈臣的方案需要很長時間才能夠實現，而興建跨海大橋則僅需大約 5 年時間而已。根據估算，當時私家車的數量每個月增加近 400 輛，交通擠塞問題因而變得更加嚴重。這暗示着興建跨海大橋才能更有效地應對日益嚴重的交通擠塞問題。屈臣則強調，他的方案有不少優勢，包括能藉此將海軍船塢搬遷到開發後的昂船洲，配合未來九龍半島以北的發展等等。屈臣又批評區博的方案會導致更多車輛經過原本已非常繁忙的中區。根據他的估算，與「西部方案」相比，興建跨海大橋令到港島區和九龍區的交通擠塞程度分別多 8 倍和不少於 17 倍。[1]

這些討論反映出改善跨海交通運輸是戰後香港的重要發展項目。不過，最終政府決定興建海底隧道，而非採取其他方案連接九龍和港島。1954 年 12 月 8 日，莫希安德遜顧問工程公司（Mott, Hay & Anderson & Partners）獲政府邀請就興建海底隧道作可行性研究。1955 年 3 月 5 日，巴烈（Barlett）和安士和（Ainsworth）先生到香港進行研究，並參考了工務局提供的資料。1955 年 3 月 14 日，他們製作了一份初步的研究報告，指出興建海底隧道不會面對任何技術困難。海底隧道也不會造成嚴重的交通擠塞問題，只要隧道的行車道由適當的迴旋處連接起來（roundabout connexions）。關於隧道入口的位置，報告指出隧道的港島入口不可能在靠近市中心的地方，除非開展大量的拆卸和道路工程。工程師提議在銅鑼灣區域興建入口，又提到最理想的隧道入口是位於花園道、皇后大道和美利

1 *South China Morning Post,* 7 November 1956, 29 May 1957；《華僑日報》，1957 年 5 月 29 日。

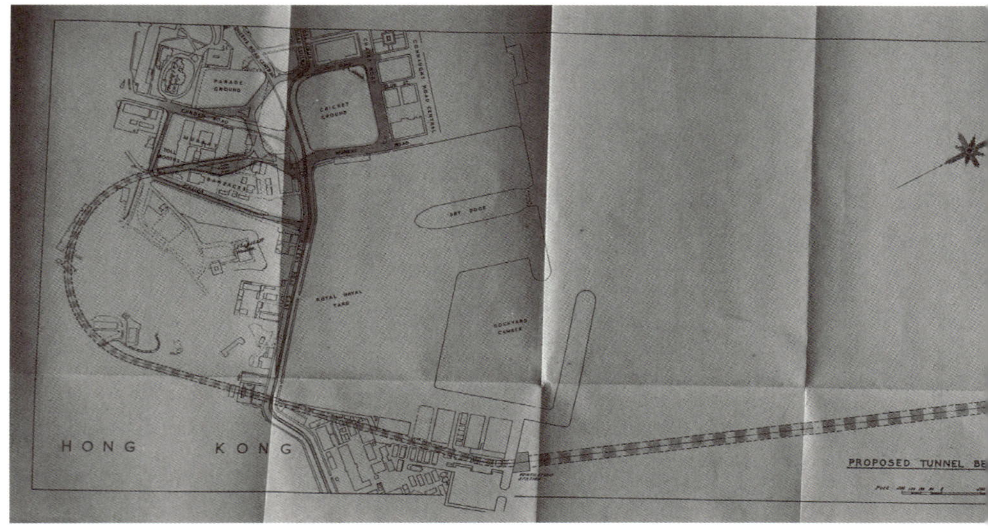

圖 8.4

道的交界，因為這位置能集合來自不同區域的車流。九龍方面，報告提出在漆咸道興建入口。由於香港在夏天的相對濕度較高，報告提議工程需要包括避免隧道內形成薄霧的相關工作。據統計，隧道單程每小時最多能承載 1,250 輛車子，只需要興建 4 個收費亭處理車流。隧道工程預計需要 72 個月才能完成，興建成本大約為 1,000 萬英鎊。[1] 圖 8.4 是其方案。

到了 1960 年代早期，維多利亞城市發展公司（Victoria City Development Company）向政府遞交了一份由該公司資助、以及由幾間工程公司負責的研究報告。報告提到，興建跨海大橋所需的資本和維修成本較低。根據估算，大橋的造價大約為 2 億 5,600 萬元，預計 14 年內會回本。隧道的造價為 2 億 8,300 萬元。雖然造價比較

1 *Cross Harbour Tunnel between Hong Kong and Kowloon: Consultants' Report* (London, 1955), p.1,2,5,6,7,8,9,11.

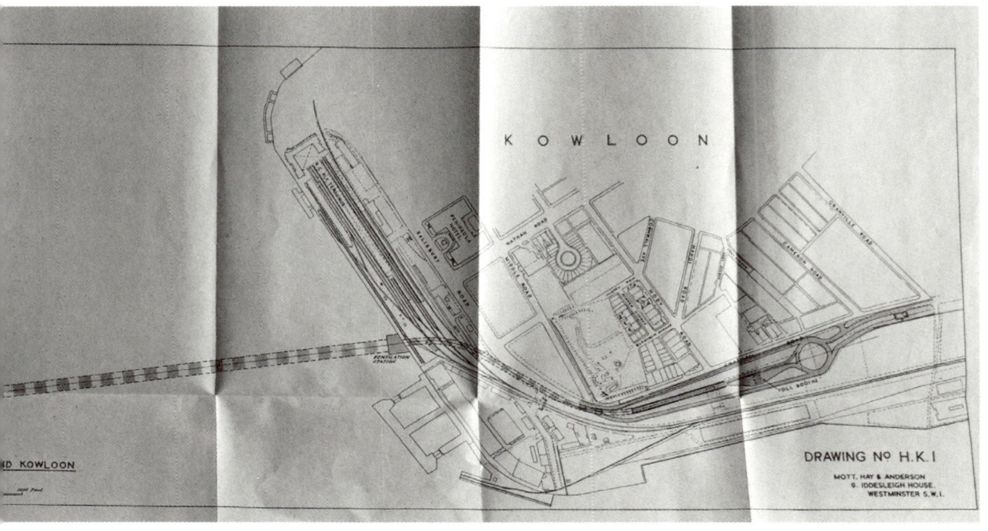

貴，但是海底隧道的運作不會受到颱風影響。報告建議過海收費如下：私家車或的士每輛 2.5 元、雙層巴士每輛 5 元、貨車每輛 7.5 元。[1] 1962 年 10 月 8 日，政府發言人表示，政府已經就改善跨海交通運輸研究了一段時間，很快就會敲定最終方案。[2]

直到 1963 年，政府終於決定興建海底隧道，而不選擇興建跨海大橋。政府發言人指出，興建跨海大橋會對船隻導航造成一定影響。而最主要的問題在於，跨海大橋會對航空交通造成一定危險。跨海大橋有 400 英呎高的橋塔，這些橋塔既會妨礙客機在惡劣天氣下在維港上空飛行，也會妨礙客機在能見度低的情況下起落。[3] 政府

1 *South China Morning Post*, 29 July 1961.
2 *South China Morning Post*, 9 October 1962.
3 *South China Morning Post*, 10 May 1963.

還有必要提高機場的最低雲層厚度。[1]

1963 年 12 月，維多利亞城市發展公司向政府遞交了海底隧道發展計劃。[2] 不過，有關海底隧道計劃是否如期推展、在何時推展依然未有確切的時間表，因為政府跟維多利亞城市發展公司還一直開會討論發展計劃。[3] 自 1965 年 7 月 7 日起，維多利亞城市發展公司會獲得為期 30 年、不能續期的唯一特許經營權，負責在 5 年內興建一條連接灣仔和紅磡的四線海底隧道。海底隧道的港島入口為奇力島以西、灣仔海濱一帶的位置，九龍入口位於紅磡新填海區、香港理工大學前身香港工業學院以南的位置。新成立的海底隧道有限公司（The Cross-Harbour Tunnel Company Limited）會由維多利亞城市發展公司的管理層組成，負責興建、擁有和營運海底隧道。[4] 1969 年，經過一輪磋商，海底隧道工程正式簽約，它是香港當時有史以來最大規模的單一工程合約。合約採用了建造、營運及可轉讓專權模式（build operate and transfer contract）的方式集資，解決了技術和集資兩大難題。工程預計在 1969 年 8 月開展，隧道可在 1972 年的下半年開始通車。[5] 圖 8.5 是海底隧道在岸上的建築管道。圖 8.6 是建築中的海底隧道在港島的出入口。

1972 年 8 月 2 日，港督麥理浩（Murray MacLehose, 1919-2000）主持海底隧道開幕典禮。在開幕典禮之前，麥理浩還駕車從隧道的港島入口穿過隧道，參觀了位於紅磡的行政大樓，並在 8 月 3 日晚上 11 時 45 分正式通車。[6] 第一批使用隧道的駕駛人士十分興奮，

---

1 *South China Morning Post,* 10 May 1963.

2 *South China Morning Post,* 4 December 1963.

3 *South China Morning Post,* 22 February 1964.

4 *South China Morning Post,* 23 June 1965.

5 *South China Morning Post,* 29 June 1969.

6 *South China Morning Post,* 3 August 1972.

圖 8.5

圖 8.6

紛紛鳴笛，引起一輪嘈雜聲。隧道職員提早 3 分鐘讓駕駛人士駕車穿過隧道。第一輛從九龍經隧道抵達港島的是一輛摩托車，有超過 200 架其他類型的車緊隨其後。而第一位從港島經隧道到達九龍的是麥米倫（M. McMillan）一家人。麥米倫是隧道公司的建築工程主管，他希望體驗一下在自己協助興建的隧道駕駛會有甚麼感覺。而一位從港島駕車到九龍的小巴車長則表示，希望體驗在海底駕駛的感覺。[1] 可見，興建海底隧道是當時的一件大事，至今海底隧道依然是連接九龍和港島的重要基建。

衛星城市

隨着人口持續增加，政府有必要開發更多的土地緩解住屋、教育、交通、就業等多方面的問題。為應付持續的人口增長，政府參考了亞拔高比報告的建議，在 1950 年代開始發展新市鎮，又稱為「衛星城市」。早期的新市鎮包括荃灣和觀塘等等。

現在，廣為人知的南豐紗廠就是荃灣工業發展的明證。其實，荃灣的工業發展可追溯到戰後的新市鎮規劃。1952 年，有消息指政府打算將荃灣發展為工業中心，將荃灣市區的面積由當時的 250 萬平方呎左右擴展到大約 800 萬平方呎。由於荃灣交通方便，其他基礎設施例如電力供應、通訊網絡都相對完善，無疑是發展工業的合適選址。發展工業不但需要工廠用地，還需要住宅用地以方便職工上班和照顧職工家人的住屋所需。[2] 1955 年 4 月 19 日，新界理民府高官巡視上葵涌、中葵涌、下葵涌等地區，包括到訪九華經新村，

1 *South China Morning Post*, 4 August 1972.

2 《工商日報》，1952 年 10 月 23 日。

諮詢村民有關荃灣發展計劃的意見。[1] 到了 1961 年 9 月 1 日，城市規劃委員會（Town Planning Board）公佈在 15 年內將荃灣發展為衛星城市的計劃，預計有超過 60 萬人居住在荃灣。發展計劃涉及的土地面積大約為 5 平方英里，包括荃灣的市中心、葵涌新填海的土地和青衣島。為了配合發展計劃，部分村落或需要搬離這些地方。城市規劃委員會的發言人提到，發展計劃有四重目標：第一，提供額外的工業用地；第二，以具有成本效益的方式提供公共服務；第三，提供令人滿意的輔助交通設施；第四，能為居民提供合適的公共設施。由於荃灣在太平洋戰爭結束後經歷了迅速的工業增長，房屋供應不足以滿足日漸增加的職工數量。因此，荃灣發展計劃也是為了節省職工的出行時間，確保職工能在步行範圍內上班工作。發展計劃亦包括 15 個住宅區，總共 1,706 英畝的土地；其中 89 英畝位於三大發展核心，分別是荃灣、葵涌和青衣。[2] 到了 1964 年，政府批准荃灣區發展計劃，不過獲批的計劃和原來的有少量的分別。第一，荃灣區的預計人口上調一倍到 120 萬左右；第二，工業用地的面積由 637 英畝上調到 986 英畝。[3] 為配合荃灣的發展，九龍巴士公司亦會在荃灣區開設新的巴士路線和興建新的巴士總站。[4] 隨着規劃和發展工作逐步開展，荃灣成為了香港第一批的新市鎮。圖 8.7 是落成後的荃灣「衛星城市」。

觀塘也是戰後重點發展的新市鎮之一。1956 年 11 月，政府公開發售觀塘發展計劃的臨時計劃書，每份售價為 50 仙。根據該計劃書，觀塘會有三個主要區域，提供可容納 12 萬人的住所。在 1957

1 《工商日報》，1955 年 4 月 20 日。
2 *South China Morning Post,* 2 September 1961.
3 *South China Morning Post,* 8 February 1964.
4 *South China Morning Post,* 19 April 1964.

圖 8.7

年，政府以公開拍賣的形式拍賣土地，該土地可發展為 20,000 人居住的地區。按照預定規劃，觀塘區的住宅會是比較高密度，但亦會預留土地興建公園、遊樂場和公共空間。在首兩個階段，觀塘通過填海拓展大約 59 英畝的工廠區。[1] 1957 年 3 月 29 日，政府刊憲就觀

1 *South China Morning Post,* 16 November 1956.

塘填海和房屋區 II 和 III 的工程招標。1956 年 11 月的計劃書制定了填海方案、房屋區域，以及包括店舖、辦公室、戲院、學校、市場和公共建築的商業中心。填海工程預計需要大約 2.5 年完成。90 英畝用地之中有部分用來作工業用途。還需要大約 100 萬立方碼的礦石用於建設用途。房屋區 II 和 III 總共提供 21 英畝的住宅用地，用作發展高密度的安置房屋。[1] 為配合觀塘的發展，政府計劃興建由啟德機場經觀塘到鯉魚門的馬路。經過一輪填海工程之後，觀塘已經有不少工廠、職工宿舍、徙置大廈等等。但當時的牛頭角道路面較窄，政府因而需要開拓更闊的道路，以促進觀塘區的發展。[2] 1960 年 7 月，政府批准了觀塘商業中心的發展計劃。商業中心會包括商舖、辦公室、住宅和戲院，以應對未來的人口增長及其工作與生活需要。這個商業中心不但是觀塘的市中心，還是東九龍區的中心。觀塘商業中心設計有寬闊的行人徑，以便市民在步行距離內往返觀塘工業區和商業中心。購物用地的地面面積為 4,205 平方呎，但未來仍然有可能會增加。政府辦公室、社區中心、街市和兩座戲院也會坐落在商業中心。[3] 1961 年 8 月，有消息傳出，政府會在觀塘興建第一批公共屋邨。新的屋邨共有 7 座，每座有 7 層高，總共能為 5000-6000 人提供住所，預計在 1962 年底完工。[4] 1962 年 10 月底，有 79 個工業用址坐落於觀塘，並已經投入服務，但仍有 13 間工廠正在興建中。還有 21 間工廠的建築計劃已經獲得通過。[5] 1966 年，當時的觀塘已經有 3 萬多名工人，其中不少人都是住在港島。由於觀塘發展越來越快，政府計劃在筲箕灣和北角興建兩座渡輪碼頭，

---

1 *South China Morning Post*, 30 March 1957.

2 《華僑日報》，1959 年 8 月 19 日。

3 *South China Morning Post*, 24 July 1960.

4 *South China Morning Post*, 26 August 1961.

5 *South China Morning Post*, 13 December 1962.

圖 8.8

提供往來觀塘的渡輪航線。[1] 圖 8.8 是觀塘「衛星城市」填海工程完成的樣貌，遠處是蜆殼石油公司的油鼓。可見，荃灣和觀塘區都是早期發展的新市鎮。日後的新市鎮發展，例如屯門、沙田、大埔等等，都是參考自荃灣或觀塘的發展模式，並經過改良後而落成的。這些新市鎮讓不少市民得以安居樂業，過上更加舒適的生活。

啟德機場新跑道

新機場的興建一直是戰後政府的關注點之一。正如前面的章節

1 《華僑日報》，1966 年 12 月 28 日。

提到，政府曾經考慮在屏山、後海灣、南丫島和赤柱等多處興建新機場，但計劃最後因為各種理由而無法實現。來自民航局（Ministry of Civil Aviation）的技術調查組曾提議在後海灣興建新機場，並不建議發展啟德機場。不過，由於後海灣機場工程可能面對不少技術困難，最後沒有採納這個建議。因此，啟德機場擴建工作計劃重新納入考慮，英國政府亦派出由卜賓（Mr. R. Broadbent）先生帶領的專家小組到香港考察。專家小組在 1951 年 6 月得出初步的報告，建議改善無線電通訊上落系統和興建一條新的主要跑道。可是，由於這份報告內容十分初步，政府需要制定更詳細的工程報告。於是，政府在 1952 年 6 月委任英國工程顧問公司史葛惠柳新（Messrs Scott and Wilson & Partners）制定報告和預算。公司的合夥人偉遜（Guthlac Wilson）和格雷斯（Grace）曾來到香港考察，並在 1952 年 9 月寫好初步的報告。經過整合來自卜賓甲計劃（Scheme A）、史葛惠柳新乙計劃（Scheme B）和民航局丙計劃（Scheme C）提出的計劃之後，英國政府最終制定了 D 計劃（Scheme D）作為機場工程的方案，並提議史葛惠柳新公司的最終報告應該建基於 D 計劃。其後，史葛惠柳新公司、工務局和民航處（Department of Civil Aviation）合作制定技術運作報告。1953 年 6 月，史葛惠柳新公司向政府提交最終報告。報告內容涵蓋啟德機場的佈局和設施，對鄰近設施或財產造成的影響，鋪路、填海、排水渠等相關工程，以及成本估算等不同方面，並指出新機場需要接近國際民用航空組織（International Civil Aviation Organisation）的標準。整個計劃大約需要 5 至 7 年的時間完成。完成後，啟德機場能應對未來 20 年或更長時間的客機發展。[1]

---

1 Project Report on the development of Kai Tak Airport（1953 June）, pp.1-,7-37; *South China Morning Post,* 3 June 1954.

香港總商會（The Hong Kong General Chamber of Commerce）亦注意到這份報告。香港總商會提到，史葛惠柳新公司早前完成了一份有關啟德機場發展計劃的工程調查報告，包括一條建於九龍灣、向着鯉魚門的跑道。經過評估未來十年的航機發展之後，啟德機場發展計劃能提升啟德機場到國際水平。[1] 根據該份報告，新的啟德機場會包括一條坐落在九龍灣填海區的 9,000 呎跑道。新跑道落成後，會關閉現有的兩條跑道。因此，這項工程能釋出 170 英畝的土地，用來作其他發展用途。新機場就會使用 15 英畝的未開發的土地。為配合新機場的發展，部分鄰近山峰需要進行平整工程，三座屬於滙豐銀行的住宅也需要被拆除。平整山地之後能釋放 25 英畝土地作興建遊樂場的用途。新機場的總成本大約為 1 億 2,700 萬，不包括設計和監察的成本，但已經計算一些輔助工程的成本。不過，由於工程完成後，政府能釋放 170 英畝的用地，可視為興建新機場帶來的益處。扣除這些土地的估值之後，興建新機場的淨成本便會下降至不足 1 億元。[2]

1957 年 3 月 13 日，葛量洪和署理工務局局長曾經實地考察啟德機場發展計劃和觀塘工業中心的進度。據報導，整個啟德機場發展計劃預計造價為 1 億 1,000 萬元。計劃完成後，啟德機場現有的兩條跑道會被關閉，並會在目前 07/25 跑道的西邊興建一個新的客運區域。啟德機場其後可以提供全天候的機場服務，落成的新跑道同時能讓最新款的客機升降。至於落成時間，新跑道預計在 1958 年 8 月完成。落成後的一年到一年半後會興建一個新的客運大樓。當時，工程人員已經處理了超過 800 萬立方碼的材料，並會繼續每個月處

1 *South China Morning Post,* 21 April 1954.

2 *South China Morning Post,* 3 June 1954.

理 100 萬立方碼的材料，預計在 1957 年年底之前完成。[1]。

啟德機場在 1958 年完成初步的擴建工程，並在 1958 年 9 月 12 日下午舉行開幕禮。根據報導，港督柏立基與夫人和兩個女兒乘搭直升機參加了開幕典禮。第一階段的工程造價為 1.28 億元，新跑道全長 8,340 呎、能讓 40 萬磅重的客機升降。跑道延長了 1.3 英里到九龍灣，工程亦包括興建 3 英里長的 sea wall，平整山地和疏浚期間挖掘出超過 2,000 萬噸材料，鋪了 60 英畝的跑道和滑行道。項目的主要承辦商為法國寶嘉建築公司（The Societe Francaise d'Enterprises de Dragages et de Travaux Publics），負責挖泥和海事工程；金門建築有限公司（馬來西亞）（Messrs. Gammon [Malaya] Ltd.）是承辦商的主要承包商，負責平整山地、鋪路、排水渠和部分海堤。政府曾經在 1947、1949 和 1951 年考慮不同發展機場的計劃。政府曾考慮擴充跑道，又曾經考慮 14 個新機場選址，例如深灣、南丫島、赤柱等等，但最後仍決定擴充啟德機場。從 1953 年起，政府一直詳細考察如何有效運營擴建後的啟德機場，例如，以有效的方式分配跑道，如何保障航空安全等等。啟德機場具備安置在跑道、滑行道等的照明系統，部分採用西北方向照明系統；航機也需要以曲線方式飛行，以應付崎嶇的地形。開幕禮也有不少表演和示範，例如客機以每兩分鐘的間距示範試飛和着陸。飛行表演的客機來自遠東航空學校（Far East Flying Training School）、國泰航空、泛美航空、香港航空（Hong Kong Airways）等。[2] 1959 年 7 月 17 日，啟德機場迎來第一班晚上起飛的航班。當晚 8 時 30 分，一輛 CPA DC-3 客機從啟德機場起飛。有部分來賓曾經登上試飛航班，圍繞香港飛行 20

1 *South China Morning Post,* 14 March 1957.

2 Program of events, Official Opening of the Hong Kong Airport（Kai Tak）New Runway, in HKP387.736 H7; *South China Morning Post,* 13 September 1958.

圖 8.9

圖 8.10

分鐘。[1] 如前所述，機場的照明系統有些特別之處，部分系統採用西北方向上落，航機需要非直線航駛以應付崎嶇的地形，所以啟德機場被譽為世界最危險的國際機場。[2] 圖 8.9 是落成後的啟德機場。圖 8.10 顯示啟德機場是全世界最近民居的機場，雖然風險高，但意外率竟然低。

九廣鐵路新總站

1957 年 11 月 15 日，政府發信委任威廉夏高工程顧問公司（Sir William Halcrow & Partners）為負責研究將九廣鐵路總站從尖沙咀搬遷到紅磡北部的計劃的公司。政府指出，只有在成本可控和選址適合的條件下，才會實施搬遷九廣鐵路總站的計劃。政府要求威廉夏高工程顧問公司的其中一位合夥人羅拔臣（V.A.M. Roberston）在 1958 年 1 月到香港評估有關搬遷鐵路總站的因素。完成考察後，羅拔臣需要提交一份規劃方案計劃書。[3] 1958 年 4 月，政府出版了該份研究報告。研究報告涵蓋的範疇廣闊，例如說明了原有的紅磡站方案、漆咸道方案、經修訂的漆咸道方案和經修訂的紅磡站方案的特點，並提出一些跟進的建議。[4]

威廉夏高工程顧問公司指出，新總站選址時需要考慮幾個因素，包括選址能釋放最大的土地作日後發展、預留設施應對目前和日後的交通發展、預留興建內河船隻和渡輪碼頭的土地、成本較低

---

1 Program of events, Official Opening of the Hong Kong Airport（Kai Tak）New Runway, in HKP387.736 H7; *South China Morning Post*, 18 July 1959.

2 *South China Morning Post*, 18 July 1959.

3 Sir William Halcrow & Partners, Kowloon-Canton Railway（British Section）, Report, Scheme and Estimate for re-siting Kowloon Railway Station（1958 April）, p.14.

4 Sir William Halcrow & Partners, Kowloon-Canton Railway（British Section）, Report, Scheme and Estimate for re-siting Kowloon Railway Station（1958 April）, pp.1-13.

等等。[1] 威廉夏高工程顧問公司認為他們修訂的紅磡站方案，又稱為吉士石計劃（Cust Rock Scheme），最能滿足不同持分者的利益。由於原有的紅磡站計劃需要拓寬漆咸道以北，吉士石計劃比較符合不同持分者的利益。吉士石計劃通過在紅磡灣的吉士和林士石（Cust and Rumsey rocks）的位置進行填海工程，降低礁石對航行的危險。這計劃是指在紅磡填海區設立一個內河船隻碼頭，碼頭以西設有客運和貨運站。這方案消除了拓寬漆咸道以北的必要性，並為日後擴展車站設施提供空間。此外，內河船隻碼頭的位置不會妨礙船隻進入黃埔船塢，也不會妨礙需要進行疏浚工程的海港部分。吉士石計劃亦不會和計劃中的隧道工程有任何重疊的位置。根據預計，工程會分為兩個階段，第一階段長約 3 年，第二階段則為期大約 9 至 12 個月。[2]

1958 年，政府發言人表示，在紅磡興建新的火車站能釋放尖沙咀和漆咸道海濱 38 英畝的土地，有助開展往後的發展工作。而且，搬遷火車站到紅磡能增加紅磡和尖沙咀的發展潛力，新的火車站也會鄰近第二條跨海渡輪航線（由紅磡到北角）的碼頭。因此，政府打算評估尖沙咀的交通擠塞問題和連接紅磡新填海區的難度。[3] 1966 年 8 月，為配合紅磡站的工程，九廣鐵路亦開始在紅磡興建車廠及相關設施，例如行車室、轉車盤、洗車房等等。[4] 1968 年，有消息指搬遷工程會在 1969 年年中開始，預計到 1972 年完成。新總站的選址為現時香港理工大學的前身香港工業學院和紅磡渡輪碼

1 Sir William Halcrow & Partners, Kowloon-Canton Railway (British Section), Report, Scheme and Estimate for re-siting Kowloon Railway Station (1958 April), p.3.

2 Sir William Halcrow & Partners, Kowloon-Canton Railway (British Section), Report, Scheme and Estimate for re-siting Kowloon Railway Station (1958 April), p.14.

3 *South China Morning Post,* 10 January 1958.

4 *South China Morning Post,* 20 August 1966.

頭（Hunghom Ferry Pier）之間，包括 6 個月台、貨場、編組站和貨運側線等等。舊有的尖沙咀總站則會用來擴建附近的巴士總站、增加公共空間和用作政府或社區用途。[1] 1969 年 4 月，工務局長盧秉信（J. J. Robson）指出，由於面對空間不足的問題，只有將火車總站搬去紅磡，才可以落實有關解決天星小輪碼頭交通樞紐的交通擠塞問題。他舉例說明，政府不能通過減少其他交通工具的使用空間，加開一條額外的士通道，來處理的士擠塞的問題。[2] 同月，政府決定更改原有的建築計劃，不會在紅磡站上蓋興建住宅區和學校。政府打算在紅磡站一帶興建郵件分類辦公室、室內體育館、巴士總站、渡輪碼頭和多層停車場。[3] 1969 年 9 月，盧秉信指出清拆尖沙咀總站後，政府會擴建渡輪碼頭的大堂。如果符合渡輪碼頭新大堂的設計，政府亦會考慮保留尖沙咀火車站的鐘樓。[4]。

1975 年 4 月 16 日，輔政司羅弼時（Deny Roberts, 1923-2013）為紅磡站進行平頂儀式。[5] 1975 年 11 月 24 日，羅弼時為紅磡站開幕。新的總站能每日處理 14,000 人的客流量和 5,000 噸的貨物流量。紅磡站的樓梯、升降機和售票處之間有足夠的空間，避免月台過度擁擠。新總站的北行方向也有兩條線路，提高了九廣鐵路的運輸量。[6] 第一日正式營運的時候，紅磡站的人流非常多。九廣鐵路的總經理吉格利（Reginald Greogry）提到，部分職員需要指示乘客往哪裏走，並播放錄音帶指示乘客如何前往乘搭天星小輪和巴士。首日售出的 3,000 張票，只有大約 1,500 到 1,600 張是用來搭火車，其

1 *South China Morning Post,* 24 August 1968.
2 *South China Morning Post,* 10 April 1969.
3 *South China Morning Post,* 24 April 1969.
4 *South China Morning Post,* 3 September 1969.
5 *South China Morning Post,* 17 April 1975.
6 *South China Morning Post,* 25 November 1975.

圖 8.11

餘的估計是被人們收藏為紀念品。[1] 由此可見，新落成的火車總站引起市民的關注，可謂當時的一大重要基建項目。圖 8.11 是新落成的紅磡九廣鐵路站。

公園規劃

亞拔高比報告提到要發展公共空間，例如要增加康樂用地。戰後香港的公園規劃政策與亞拔高比報告一脈相承，其中發展九龍公園的計劃正好印證了政府大力發展公園的方針。九龍公園前身是被

1 *South China Morning Post*, 2 December 1975.

陸軍佔用超過 100 年的威菲路兵房（Whitfield Barracks）。威菲路兵房的第一座兵房在 1860 年落成。根據 1962 年 5 月的估價，該地皮當時市值超過 7 億元，[1] 極具商業發展價值。不過，為了開發更多公園，政府把其中一大部分的用地發展為九龍公園。1963 年 1 月，市政局主席京漢（K.S. Kinghorn）談到重建威菲路兵房的計劃。他提到，城市規劃委員會正在考慮有關計劃。整體來說，目前有計劃在市區每 10 英畝的土地之中預留 1 公頃用作發展公園和遊樂場用地，但是能否實現這個目標仍然是未知之數。[2] 1963 年 4 月，有不同界別的人士提議將該用地發展為市肺，意思是發展用地為市區中的公園。市政局議員李有璇（1911-1972）則提議在該處興建九龍大會堂。[3] 1963 年 11 月，有消息指城市規劃委員會正在考慮將 42 英畝的威菲路兵房用地重建為一個大型的公園和商住用地。這個計劃亦包括興建道路的計劃，例如興建連接海防道和柯士甸道的道路，在海防道近海港的位置興建迴旋處等等。[4] 1966 年 12 月，身兼市政局資深委任成員（senior appointed member）及公園、康樂和娛樂設施委員會（Parks, Recreation and Amenities Sub-committee）主席的沙利士（A. de O. Sales，1920-2020）在市政局的年度辯論期間，向政府請求將整幅威菲路兵房用地發展為公園，而不應只將其中一部分改建為公園。[5] 1967 年 4 月 4 日，沙利士在市政局會議動議要求政府將兵房用地用作空地。沙利士提到，當時的尖沙咀只有兩個小型的運動場，分別位於中間道和漆咸道，以及佐治五世公園。這些公眾空間絕對不足以應付尖沙咀居民的需要。因此，他認為政府應考慮公

1 《工商日報》，1962 年 8 月 10 日。
2 *South China Morning Post,* 9 January 1963.
3 《工商日報》，1963 年 4 月 29 日。
4 *South China Morning Post,* 27 November 1963.
5 *South China Morning Post,* 2 December 1966.

眾利益，將整個兵房用地用作公眾用途。[1] 1968 年 8 月 9 日，民政事務處（City District Office）規劃了將威菲路兵房用地發展為公園的計劃，預計在 1969 年年初完成改建工作。該用地會改建為博物館、圖書館、餐廳、網球場和兒童遊樂場。英國國防部（Ministry of Defense）會在 1968 年年底將第一部分的兵房用地交還政府。[2] 1968 年 11 月 22 日，市政局發言人交代了九龍公園的興建計劃，預計包括一座博物館、圖書館、閱讀室、露天劇院、網球場、兒童遊樂場和中式花園。[3] 到了 1970 年 6 月 24 日，港督戴麟趾為九龍公園開幕。他提到，九龍公園是當時香港規模最大的公園，政府也會繼續擴展公共空間，例如興建更多遊樂場、運動場、游泳池等等。[4] 由此可見，香港戰後的公共空間規劃大致上都是沿着亞拔高比報告的方向發展。政府興建了不少公共的康樂設施，讓市民有更多休憩的空間。

大會堂

亞拔高比報告曾提到要增加香港的文娛設施。1962 年 3 月 2 日開幕的香港大會堂，[5] 正正實踐了亞拔高比報告的建議。舊大會堂位於滙豐銀行和中國銀行大廈的位置，在 1869 年落成。1933 年，舊大會堂的部分建築被拆除，到 1950 年大會堂的全部建築物都被拆除。羅拔渣甸（Robert Jardine, 1825-1905）曾購入總值 5 萬元股份，支持舊大會堂的工程。當時，大會堂由一個董事會管理，寶

1 《工商日報》，1967 年 4 月 5 日。
2 *South China Morning Post*, 10 August 1968.
3 *South China Morning Post*, 23 November 1968.
4 *South China Morning Post*, 25 June 1970.
5 *South China Morning Post*, 3 March 1962.

順洋行（Dent's Company）大班顛地（John Dent, 1821-1892）也曾捐贈一個噴水池給大會堂。[1] 1930 年代政府也曾計劃重建中環，包括興建新大會堂、政府大樓和港督府，[2] 後因找不到合適土地且戰爭爆發而擱置。在 1950 年，「殖民地部」官員與葛量洪開會討論香港福利政策時提及，重建大會堂是否可以增加市民的公民意識（civic consciousness）。不過，葛量洪認為，大多香港居民都是過境性，興建新大會堂可能效果不大。[3] 由於中環填海計劃推行，興建新大會堂有了初步構思。當時，中區皇后碼頭至域多利娛樂會（Victoria Recreation Club）的填海計劃引起廣泛關注。中區填海計劃意味着擴充中區的商業區範圍，預計有船公司辦公室、天星小輪新的大堂等等。其中一個預計在填海區落成的項目就是新大會堂，但當時仍不清楚新大會堂坐落的具體選址和興建的時間表，因為政府需要至少一年時間草擬計劃、還要最少兩年才能開始動工興建。[4] 其後，雖然政府已經表示會預留土地興建新的大會堂，中英協會（Sino-British Club）籌組了一個公開小組，成員包括英國特許公認會計師公會香港分會（The Association of Chartered Accountants in Hong Kong）、香港中華總商會（The Chinese General Chamber of Commerce）、西洋會館（Club Lusitano）等不同機構的代表，商討有關興建新大會堂的事宜。[5] 1952 年，政府成立大會堂委員會（City Hall Committee），下設 8 個特別附屬委員會，負責向政府報告興建大會堂的條件等等。[6] 1953 年 10 月，政府曾展示新大會堂的興建計

1 HK. P725.13 H7.
2 CO129/538/3, 548/13, 573/15.
3 CO129/628/9, p.93.
4 *South China Morning Post,* 9 July 1950.
5 *South China Morning Post,* 18 July 1950.
6 *South China Morning Post,* 12 April 1959.

劃。聽取了不同意見之後，工務局與香港大學教授布朗（R. Gordon Brown）在 1954 年 5 月推出了新的大會堂興建計劃。新的方案還包括一個劇院和禮堂，適合舉辦跳舞、晚餐會等大型聚會。[1] 1956 年 5 月，工務局正在繪畫新大會堂的圖則。[2] 1959 年 4 月，有消息指政府已經批准嘉道理集團旗下的香港工程建造公司（The Hong Kong Engineering and Construction Company）的標書，並會在 4 月 13 日簽署合約，預計在 5 月中開展打樁工程。[3] 1960 年 2 月 25 日，港督柏立基主持新大會堂的奠基儀式，提出新大會堂包括圖書館、音樂廳、劇院、博物館和其他設施，滿足對文娛中心的需求。根據報導，新大會堂的成本為 2,000 萬，坐落在中環填海區，將會舉辦不少文藝活動。[4] 1962 年 3 月 2 日，港督柏立基主持新大會堂的開幕典禮。柏立基指出，香港能成為中西文化交匯之處，也希望日後在大會堂舉辦中西文學、中西繪畫藝術、戲劇等不同類型的文藝活動。新大會堂有不少設施。劇院設有不少現代的燈光和音響設備，舞台比起陸佑堂還要大一點，還有更衣室等設備。音樂廳設有超過 1,500 個座位，能上演交響樂演奏會、芭蕾舞、歌劇和童話劇。張有興（Hilton Cheong-Leen）曾在報章撰文，盛讚大會堂的設施是亞洲和世界最現代的。[5] 由此可見，大會堂象徵着政府落實了亞拔高比報告的建議，積極推動文娛活動發展。圖 8.12 是落成的第二代大會堂。

從上述的例子可見，政府在 1950 年代起逐步落實亞拔高比報告提出的建議。亞拔高比報告對於戰後香港的重建工作有重要的影響。不少關鍵的發展項目，例如海底隧道、啟德機場擴建工程、新

---

1 *South China Morning Post,* 30 May 1954.

2 *South China Morning Post,* 13 May 1956.

3 *South China Morning Post,* 12 April 1959.

4 *South China Morning Post,* 26 February 1960.

5 HK. P725.13 H7, P15. *South China Morning Post,* 3 March 1962.

圖 8.12

市鎮發展都是源於這份報告。海底隧道、九廣鐵路新總站便利了市民的交通出行，啟德機場促進了航空業的發展，新市鎮滿足了市民的就業和住屋需要。如前文提到，香港在太平洋戰爭後面對許多有待處理的問題，亞拔高比報告的方針和提出的建議為重建經濟提供了明確的方向，帶動了香港戰後的經濟發展。經過多年的發展和演進，新市鎮、海底隧道、當時的九廣鐵路新總站、九龍公園、大會堂等等，為市民的生活提供大量便利。

戰後的基建集資方式也是具有重要意義的。太平洋戰爭前，政府通過發債集資興建水塘、初期的啟德機場、醫院等等，這與英國經濟學家凱恩斯（John Maynard Keynes）的倡議有互通之處。凱恩斯認為，政府應在經濟蕭條時推行增加基建投資的財政政策，藉此刺激經濟發展。到了戰後，海底隧道工程採用了建造營運及可轉讓專權合約模式的方式集資。私人營運者會負責處理融資事宜，以獲得一定年期的專營權，向隧道的使用者收取費用。合約結束後，政府就可以收回專營權。以這種模式興建基建，政府無需付出大量成本，就能建成基礎設施。這種方式不但應用在海底隧道的工程，還應用在其他工程之中。可見，戰後的基建工作影響至今。

總結

政府早在戰爭結束前就開始規劃戰後重建的各項工作。從第一章可見，政府在戰時已經制定了包括財政、教育、醫療等方面的政策指引，並成立計劃小組籌備戰後重建工作。其後，戰後成立的軍政府為過渡到民事政府實施了不同方面的準備工作，並以軍事力量協助重建香港。從第二章可見，軍政府通過成立委員會，維修啟德機場和九廣鐵路，保障水、電力、糧食供應等措施開展初步的重建工作。軍政府的重建工作較為初步，旨在為市民提供基本生活所需。雖然戰後重建工作與戰時規劃的具體重建政策或有不同，但戰時規劃的重建方針與戰後的實際情況大抵是一致的。期間，各方面的資源非常短缺，如食米、柴甚至郵票和紙張。就算資源十分緊絀，市民在戰前的娛樂，例如看戲和賽馬亦逐漸恢復。

過渡至民事政府之後，政府擴大了重建工作的範圍。重建工作需要大量資金和穩定的金融秩序作為支撐。從第三章可見，政府通過穩定匯率，發行復興債券和改善稅務政策，充實了重建工作的財政基礎。政府既不需要大幅提升稅率，又能增加政府財政收入。由於政府收入有所增加，政府得以順利開展多項重建工作。本書有關社會福利政策的部分，包括社會福利署的工作、房屋、教育和醫療政策、以及各項基建設施，或多或少都和政府財政資源充足與否有關。

無疑，官民合作模式可謂戰後重建工作的主調。社會福利局與各個社區街坊福利會和非牟利組織合作實施各項社會福利政策，改善了香港的社會福利事業。香港房屋協會（簡稱房協）的成立雖然是出於葛量洪的建議，但非官方人士同樣在房協委員會扮演重要角色。同時，東華三院、街坊福利會、勞工團體、香港社會福利聯會、香港模範屋宇會、香港防痨會、宗教團體、鮮魚行、救世軍、小童群益會、兒童遊樂場協會、保護兒童協會、家庭計劃指導會等各個團體配合政府政策，為市民提供多項社會福利服務，涵蓋醫療、教育、房屋等範疇。

雖然戰爭已經結束了一段時間，戰後重建工作的影響其實延續至今。戰後稅務政策的徵稅邏輯和發行債券應一時之需至今大致維持不變，政府維持量入為出的方針，以「小政府」原則，多利用民間資源提供福利；扶植各區的街坊福利會提供和協助各領域的社會福利服務；房協興建的屋邨，例如祖堯邨、乙明邨、家維邨、勵德邨至今仍然是市民的安身之所，私人租樓也得到管制租金的業主與住客條例保障；亞拔高比報告的發展方針，例如海底隧道規劃、九廣鐵路新總站、文娛設施規劃、發展新市鎮等都富有長遠的眼光；戰後很多學校建築物被毀，在資源缺乏下衍生出男女校和上、下午校等應變措施，政府亦大力推行中文學校，為戰後嬰兒的中文打下扎實的根基，與此同時，獲支持大力發展的香港工業專門學院是香港理工大學的前身，其日校和夜校都培育出不少專業人才，為香港的經濟發展作出貢獻；在防痨方面與世界衛生組織合作，注射卡介苗的觀念和措施至今仍未過時。今天我們仍與世界各地合作共同抗疫，並為新生嬰兒注射各類防疫苗提供健康保障。

本書出版之際，太平洋戰爭已經結束近 80 年。我們謹祝世界和平，人民生活安康。

鳴謝

書中的地圖、照片、票據、課本、證書、證件、信封、貨幣等，獲英國國家檔案館、香港防癆心臟及胸病協會、香港房屋協會、香港深水埗街坊福利會、香港大學圖書館特藏部、香港政府檔案處和歷史檔案館，以及梁經緯、劉銓登、張順光、鍾志求、周家建和余東方先生慷慨借出，在此致謝。

策劃編輯　梁偉基
責任編輯　熊玉霜
書籍設計　吳冠曼　陳朗思
書籍排版　陳先英

書　　名　百廢待興：戰後香港重建歷程
著　　者　馬冠堯　張瑋宗
出　　版　三聯書店（香港）有限公司
　　　　　香港北角英皇道四九九號北角工業大廈二十樓
香港發行　香港聯合書刊物流有限公司
　　　　　香港新界荃灣德士古道二二〇至二四八號十六樓
印　　刷　美雅印刷製本有限公司
　　　　　香港九龍觀塘榮業街六號四樓A室
版　　次　二〇二五年七月香港第一版第一次印刷
規　　格　十六開（168 mm × 230 mm）二五六面
國際書號　ISBN 978-962-04-5705-0